基业再造

——新常态下企业转型升级之道

周子人　著

新世界出版社

图书在版编目（CIP）数据

基业再造：新常态下企业转型升级之道 / 周子人著
. -- 北京：新世界出版社，2016.11
ISBN 978-7-5104-6009-8

Ⅰ. ①基… Ⅱ. ①周… Ⅲ. ①①企业管理 Ⅳ.
① F272

中国版本图书馆 CIP 数据核字（2016）第 250440 号

基业再造

作　　者：周子人
策划编辑：张铁成
责任编辑：佟　盟
责任印制：李一鸣　王宝根
出版发行：新世界出版社
社　　址：北京西城区百万庄大街 24 号（100037）
发 行 部：（010）6899 5968　（010）6899 8705（传真）
总 编 室：（010）6899 5424　（010）6832 6679（传真）
http://www.nwp.cn
http://www.nwp.com.cn
版 权 部：+8610 6899 6306
版权部电子信箱：nwpcd@sina.com
印　　刷：北京中印联印务有限公司
经　　销：新华书店
开　　本：787mm × 1092mm　1/16
字　　数：160 千字　印张：13.5
版　　次：2016 年 11 月第 1 版　2016 年 11 月第 1 次印刷
书　　号：ISBN 978-7-5104-6009-8
定　　价：42.80 元

前言
Preface

有关数据显示，2013 年全国 A 股上市公司中家族企业有 711 家，占总数 28.7%；在港上市的内地家族企业有 194 家，占中资民企在港上市总数的 38.8%。这些数据背后，一方面是中国家族企业的崛起；另一方面也凸显出中国家族企业传承难题的困扰。

从全球范围看，家族企业能够顺利传承到第二代的只有 30%，到第三代的只有 13%，而到第四代就只剩下 3%。同时，根据“2016 年第一届国际家族办公室大会”透露：“未来 10 年内，80% 的家族企业将会面临传承困难，因为有 40% 的第一代企业家子女不愿接手现有的家族企业。而剩下愿意接班的 60% 中，符合要求的仅仅是 20%~30%。”

据中国社会科学院调查数据表明，目前

我国第一代企业家平均年龄为55岁到75岁之间。这一代企业家创造了中国经济的快速发展，奠定了家族企业的发展根基。然而，再强大的人也抵不住生命的变迁，传承和转型已经成为家族企业所面临的两大难题。

正是基于这两大难题的思考与探索，本书旨在寻求基业传承路上的解决办法。

第1章，对当前基业传承难的五大压力：继任压力、管理转型、家族内讧、老将阻力、文化危机进行了概括分析和解读。

第2章，继任者再造。基业传承的首要问题就是“传给谁”。纵观历史上得以传承百年的企业，其传承模式总结起来无非有三种：禅让制、继承制和共和制。禅让制是将企业传承给和企业共同成长起来、对企业比较了解的高管。这个人可能是家族成员，也可能是非家族成员。总之，在禅让制中，只以贤能论英雄。继承制主要是指由企业创始人的子女继承企业。继承制的重点在于一定要是家族成员，是否贤能则在其次。共和制是指通过股份制变革实现企业的传承。事实上，在实际操作中，并没有哪家企业单纯采用某一种模式进行传承，往往都是几种模式交叉进行。在本章，将重点介绍每种传承模式中需要关注的问题和解决的困难。

第3章，管理再造。如何从家族式管理向现代管理模式转型，是基业再造中的核心问题。从基业传承的角度来说，必须先做好管理转型才能实现企业的顺利传承。本章的关注点主要在对企业进行管理再造过程中，如何保持企业的盈利能力，实现企业的永续经营。

第4章，皇族再造。所谓“皇族”意指掌控企业的家族。对于家族企业来说，家族成员是企业传承的重点对象，同时也是传承路上最关键的矛盾集合点。如何在保障家族利益不受损害的前提下，实现家族和企业永续发展的平衡，是本章讨论关注的重点。

第5章，权臣再造。“权臣”作为伴随企业一路成长的老将、功臣，当他们的知识结构、技术能力、思想观念逐渐跟不上企业发展的步伐时，就会成为企业转型升级、传承路上的“绊脚石”，该如何处置才既不伤感情，又不伤事业？本章提供了权臣再造的两个方向，仅供参考。

第6章，文化再造。任何一家传承百年以上的企业都有优秀的企业文化。在基业传承中，如何对传统的“家族文化”进行升级，使文化为基业的顺利传承添砖加瓦，保障企业的永续经营呢？本章主要从创新、学习和团队三种文化角度来谈企业文化的升级与再造，为基业长青注入全新的文化力量。

传承百年的企业往往得益于完善的制度、优秀的人才以及文化，而不是仅靠某个家族或者某代人的力量就可以实现。要想实现基业长青，需要依靠家族世世代代的努力，更需要家族企业的创办人尽早做出完善的传承规划。本书并不能为家族企业的永续经营提供完善的解决方案，只希望能够为家族企业的传承打开一扇窗，帮助那些陷入企业传承困境的读者找到一个方向。

目录
Contents

Chapter 3 管理再造：持续赚钱才能基业长青

Chapter 6 文化再造：激活基业长青的基因

Chapter 1

“富不过三代”的魔咒：

百年企业传承难

全球知名的洛克菲勒、杜邦、沃尔玛·沃顿等名门望族，无论是在动荡期还是平稳期，都能顺利传承数百年，实现家族财富的永续累积。而对于中国家族企业来说，却正面临着严峻的传承考验。在“富不过三代的魔咒”下，中国家族企业的传承遇到了多方面的压力：继任压力、管理转型、家族内讧、老将阻力、文化危机。

案例解读：“杨协成”家族企业的百年传承

杨协成控股公司是一家有近百年历史的家族企业，从1900年创始人杨仁溜在福建创办到1994年瓦解。最终却因为家族内讧导致企业被收购，百年基业传承失败。

1900年，“杨协成”家族企业的创始人杨仁溜在福建漳州创办了“杨协成”，生产经营酱油。他共有8个孩子：5个儿子、3个女儿。

1935年，由于身体状况欠佳，杨仁溜就把企业管理权传承给年仅22岁的长子杨天恩，其他子女协助经营。

当时，中国正处在时局动荡期间。1937年，杨氏家族为了企业更好地生存和发展，决定把企业迁往新加坡。在新加坡建厂以后，由于“上下一心，协力求成”的经营理念，“杨协成”的业务获得了迅速发展，后来从酱油业务扩展到罐头、饮料等食品业务，杨协成酱油厂也随之改名为杨协成罐头酱油厂有限公司。此时，杨天恩把新组建的杨协成罐头酱油有限公司的股权平分为7份，他和4个兄弟以及2个子侄各得一份。

20世纪60年代，“杨协成”的发展步伐迅速加快，业务开始极度扩张，从新加坡拓展到东南亚其他国家、欧美以及中国香港等国家和地区。1969年，“杨协成” 在新加坡及吉隆坡股票市场挂牌上市。后来，“杨协成”把分厂开到了马来西亚。1975年，“杨协成”在马来西亚股票交易所挂牌，成为上市企业。“杨协成”上市以后，业绩逐年增长，发展更是突飞猛进。

1983年，“杨协成”成为亚洲（除日本）利乐包产品的第一制造商，生产销售10亿包产品。

1985年，“杨协成”第二代传人杨天恩去世。这时候，由于股权平分带来的家族企业传承矛盾开始凸显出来。由于董事会邀请杨天恩的兄弟杨天成担任董事会主席未果，1987年杨天恩之子杨至耀出任董事会主席，成为“杨协成”第三代继承人。

杨至耀担任董事会主席以及总裁以后，由“诸子平分”家产所埋下的各种矛盾在家族内部开始浮出水面，家族成员关于企业的投资决策和管理理念出现严重分歧。由于企业股权没有集中在继承者的手中，其他平分股权的家族成员都参与到了企业的经营管理中，使得企业的决策和执行出现了意见分歧，导致企业的经营管理举步维艰。

1993年以后，“杨协成”在企业的决策方面采用了集体决策的方式，即以家族成员投票的形式，多数表决来进行企业决策。虽然这样在一定程度上可以缓解企业决策的危机，但是由于家族成员越来越多，企业的经营决策和执行矛盾没能得到最终解决。由于家族内讧，没有解决经营管理的决策和执行等问题，导致“杨协成”在1993年全年的业绩平平，企业发展受到了极大的阻碍。

1994年初，永泰控股提出收购“杨协成”，这一收购意向直接导致了杨氏家族关系彻底破裂。1994年5月，“杨协成”第三代传人杨至耀被迫向法院申请解散杨协成控股公司。至此，将近百年的家族企业“杨协成”瓦解，仅传承到第三代就戛然而止。

百年企业“杨协成”并没有走出“富不过三代”的传承魔咒。从“杨协成”传承失败的案例中，我们可以看出，“子承父业”的家族企业传承模式以及家族式管理在企业的发展初期有着一定的优势，但是，家族内部的矛盾又会必然导致企业传承失败。

01 继任压力：子承父业 VS 职业经理

1978 年中国开始实行改革开放，30 多年以来涌现出了一大批的企业家。但是，这些企业家现在都已年过半百，当时创业打拼时的气魄已不复存在，而且身体状况也不允许他们再为企业呕心沥血。另外，从另外一个角度来说，互联网经济的高速发展也逼迫着他们退出历史的舞台。在这些现实问题面前，要想实现企业的基业长青，就面临着一个非常迫切的问题——继任压力。

我有一个学员，在一次培训中找我探讨过关于企业继任压力的问题。他从 20 世纪 80 年代开始创业，目前有一个中型的生产企业，年生产总值在 8000 万元左右。他今年已经 63 岁，到了退休的年龄，在企业经营中明显感觉力不从心，却仍然奋斗在一线，只因偌大家业没有人可以接手。实际上，他有两个儿子。大儿子初中毕业后一直在公司帮忙，但能力不足，很难担起企业接班人的重任；小儿子大学学的却是艺术专业，一心想当一个艺术家，对继承家业根本不感兴趣。他希望小儿子能够接手他的企业，但是小儿子志向不在于此，大儿子想接手但是能力又不足……

上述这个案例已经成为了中国传统民营企业存在的普遍问题。在中国，民营企业的传承方式一般都是世袭制，子承父业是选择接班人的惯常做法。老一辈的企业家们都希望把自己辛辛苦苦半辈子打下来的江山留给子女，并希望他们能够继承企业并发展壮大。但是，子承父业可能会面临以下几个问题：

（1）子女能力不足。

子女一般都是父母的心头肉，在父母的呵护中长大，过着衣来伸手、饭来张口的舒适安逸生活，企业家的子女更是如此。他们从小娇生惯养，父母对他们宠爱有加、百依百顺，久而久之就会养成以自我为中心、我行我素、为所欲为的性格。而且他们没有受过什么苦难和挫折，成长的过程不愁吃不愁穿，长期以来就会害怕困难和挑战，乐于坐享其成，容易养成贪图享受的习性。更为重要的是，他们从小缺乏很多自我体验的机会，以至于在感知、记忆、想象、思维、情感、意志等方面没有得到很好的全面发展，导致自我教育、自我评价、自我认识能力较差，意志薄弱，缺乏适应现代社会复杂竞争的良好心态。以上这些就会导致继任者的企业在社会竞争中处于劣势地位。

（2）子女志向不在此。

每个人都有自己的追求，有自己喜欢从事的事业，而且只会对自己喜欢的东西努力付出。企业家的子女一般从小生活优越，接触的新鲜事物比同龄人更多，他们的兴趣会相对广泛一些。如果子女兴趣不在企业管理上，一味地把他们放在继承者的位置上，他们就会缺乏工作的动力，从而可能导致企业败落，最终只能走向“富不过三代”的结局。

（3）“太子”争夺和股权分裂。

当一个企业有多位条件相当的继承人选，就会出现“太子”地位争夺战，从而导致家族利益团体的分裂，进而导致企业分裂。如果在家族成员中均分股权就会减弱继承者对企业控制力，而倾斜继承者股权又会造成其他成员的嫉妒和利益冲突。一旦家族企业丧失凝聚力，就会增加不稳定因素，引发动荡，那么它就会丧失相对于其他产权形式的优势。

针对子承父业的这一些矛盾问题，近年来出现了职业经理人这一行业。但是在中国的现实情况是职业经理人市场制度不健全，职业道德体系不成熟。在"所有权和经营权分离"的管理体制下，缺乏可以依赖的职业经理人是企业家们面临的一个痛点。北京某管理顾问公司 CEO 董权曾经说过："在家族企业中，几乎所有请过职业经理人的企业，都有过被经理人抛弃的伤痛。"

由于职业经理人是企业所有者管理分工的结果，所以他们之间存在一个委托——代理的天然矛盾。这一矛盾表现在个人能力、即得利益、道德底线和价值目标四个方面的冲突。

（1）个人能力。

一种是企业所有者驾驭不了职业经理人，不敢轻易放权，导致企业发展受阻。一种是职业经理人能力驾驭不了整个企业，企业所有者放权或部分放权，导致企业失去控制，到头来还得企业所有者收拾残局。

（2）即得利益。

企业所有者要求职业经理人付出更多的努力，自己付出尽量少的利益；职业经理人希望用较少的努力换取更多的利益。当然这既是人性使然，也是缺乏有效的职业经理人市场机制所导致的。

（3）道德底线。

职业经理人除了遵循作为企业管理者的职业道德，要富有责任心和敬业精神外，还要有作为独立的个人的道德准则、作为家庭成员的家庭责任以及作为社会的一份子的社会道德。这些准则可能和企业所有者要求完全献身于企业不一致，而恰是这些不同的角色在行为要求方面的道德准则导致产生内在的冲突。

（4）价值目标。

企业所有者的首要目标是赢利，而职业经理人的首要目标是发展。这就是职业经理人价值观与企业所有者的价值观和公司文化之间的冲突。

由此可见，在基业传承的过程中，无论选择子承父业，还是聘请职业经理人，都充满着各种风险和挑战。企业继任的问题，必须要从长计议，做好传承规划，才是解决之道。

02　管理转型：游击队如何向正规军转型?

在中国，游击队式管理方式是大多数民营企业创业的真实写照。无论形势如何变化，执着坚定的共同理想，艰难时刻携手共进的使命感，遇到挫折毫不退缩的责任感，是大多数民营企业创业团队获得突破和发展的优势因素。重感情、重关系、重勤奋的游击队式管理，成就了很多民营企业。但是，这些优势因素到了企业的发展和成长阶段，却又变成了阻碍企业传承和发展的绊脚石。感情与制度的冲突，关系与职业化的冲突，勤奋与战略的冲突，这些俨然成为了企业传承和发展阶段管理的内伤。

所以，企业到了传承和发展阶段，游击队向正规军的转型成为必然之选。但转型过程中又会遇到哪些困难？如何完成游击队到正规军的转型？这些都是企业转型过程中需要面对的难题。

首先，我们来分析一下游击队式管理在企业传承和发展阶段的劣势。

（1）没有系统的管理机制。

制度的制定有很大的随意性，没有健全和规范的组织结构和组织管理制度。很多的民营企业都是家族式企业，组织结构比较简单，所有者身兼数职，从生产、销售到人事财务都需要亲自管理，没有进行专业分工。企业主即决策者，权力高度集中，基本上是一言堂，独断专行，无法实行法人治理，决策和监督机制不健全，无法做到科学化、制度化、民主化管理。

家族成员拥有企业的所有权，大多数身居要职，权利较大。血缘关系和权贵关系不明确，决策者的指令一旦触犯到小范围集团的利益就很难被执行下去，难以做到令行禁止。

家族成员效忠的对象是家族利益，往往又和整个企业的价值判断无法进行统一。

（2）人才匮乏。

民营企业的高层大多是家族成员，素质高低不同，企业用人首先考虑的是自己的亲戚、朋友、同乡等。对引进的人才往往不能完全相信，所给予的工作待遇等方面都相对较差，人才很难留下，久而久之就很难吸引到专业的人才加入到企业中来。

高层人员都竭力培养子女接替自己的位子，任人唯亲，导致引进的人才很难进入核心管理层。家族成员和引进人才在忠诚度、能力标准和价值评价标准方面无法做到公平、公正，这就导致引进的人才对企业缺乏信任感，阻碍优秀人才的发展。

严重排外是家族利益团体的固有思维。长期占据高位的家族成员逐渐变得自负，排斥优秀人才的进入，这就会导致企业由于专业人才的缺乏，容易遇到管理瓶颈。

某知名企业家曾说，中国民营企业大多数是家族化的，是游击队式的管理，他们对于空降兵的到来既欢迎又排斥，既期待又怀疑。所以，只有建立一套完善的人才管理机制才能为企业提供持续的人才供给，才能让游击队转型为正规军。

我有一个学员，在一次培训课期间，他找我咨询，为什么他招的人才干不多久就会离职。通过谈话，我了解到，采购主管是他的小舅子，生产主管是他的弟弟，财务主管是他的小姨子，市场由他的妹夫掌管……而他招的人才都是作为各个部门的二把手在工作。同时，公司也没有完善的人才储备和人事任免机制，公司的人事任免都是他一人说了算。

（3）企业文化欠缺。

企业文化是企业获得生存、发展和壮大的基础，是企业的核心竞争力。企业只有拥有了自己的文化，才能有生命活力，也才具有真正意义上的人格象征。中国大多数的民营企业是从个体户发展起来或是家庭成员投资兴办的家族式企业。这些企业自身所有制的特点和经营目标，决定着它们更加关注盈利能力，而对于精神价值方面相对不会太重视。企业主拥有企业的经营、决策和人事任免权，这些权利的集中导致企业主文化就是企业文化，企业文化也就完全取决于企业主个人素质。民营企业文化建设最常见的培育方式是培训，流于形式，企业精神、理念、价值观及创新精神未受重视，这就导致员工的归属感和工作积极性不能在价值理念上得到增强，同时欠缺推进、改善组织绩效的作用。

海尔首席执行官张瑞敏曾说：“海尔产品只是海尔精神和文化的载体。海尔最大的优势就是多年营造的海尔文化。”

03　家族内讧：企业内部的亲眷如何处理？

韩国“经济总统”、三星集团董事长李健熙与兄弟姐妹对簿公堂；香港新鸿基地产遭遇兄弟阋墙，长子出局；远东皮业集团兄弟姐妹反目成仇……当家族企业发生内讧，亲情薄如蝉翼。

在中国，传统的家族传承机制是长子继承家长身份，财产诸子平分。这种机制虽然可以在一定阶段减缓家族企业传承时的冲突，但是在逻辑上也必然导致不能长久地维持稳定的家族地位和完整的家产，从而引起家族内讧。随着现代经济的发展，这一传统正悄然发生着变化，“按才能大小分配”正逐步取代“平均分配”。“按才能大小分配”即企业主在企业传承时按照接班人能力大小的管理原则分配家族企业的股份。

大多数民营企业有多个创始人，或者企业创始人有多个子女，如果股权分配无法按照公平、均等的原则，就容易引起家庭、家族成员之间的矛盾，甚至引发内讧。

所以，家族企业一旦启动传承，家族成员的权利和利益就会受到影响。如何处理家族企业内部亲眷俨然成为了困扰企业传承的一个不公开秘密。

如何处理家族企业内部亲眷？实际上，无非是权利和利益如何分配。下面，我们来分析一下最常见的几种表现。

（1）实际接班人控股。

实际接班人控股是大多数企业传承采取的股权分配结构。实际接班人控股可以最大程度上发挥接班人的多种优势。但是，中国传统文化是“树大分枝”的平均分配股权，兄弟平分股权是父母必须遵循的原则。那么，问题就出来了，同样是父母的子女，手心手背都是肉，凭什么他可以控股我就不能？这样就会出现没有控股的子女心理极度不平衡，兄弟姐妹之间水火不容，把公司搅得鸡犬不宁，甚至对簿公堂。

另一方面，企业接班人控股后，其他继承人的权益能否得到保障？接班人控制股权，只是从表面上来说控制了企业的经营权，然而作为民营企业，尤其是家族企业，企业内部人员关系错综复杂，利益不可能统一。那么，接班人控股后，要想做到完全控制企业，使企业的经营理念得以统一，就必须重新对企业的管理层进行布局，但这样就会伤害到其他继承人的权利和利益。

（2）平均分配股权。

平均分配股权在企业传承的初期会起到平息家族矛盾的作用。但是，股权的平均分配的另一个后果是会导致股权分散，家族成员为了得到企业的控制权可能发生争夺战，会给家族企业的后续治理留下历史问题。在家族成员利益一致的情况下，平均分配股权可能不会有争夺控制权的情况发生，但是，一旦家族成员利益发生冲突，这种股权结构的弊端就会凸显出来，严重的会阻碍企业的发展甚至导致企业分崩离析。

当家族成员的利益发生冲突，为了得以生存和发展，企业就不能出现经营理念的分歧。而为了统一这些声音，家族继承者中间就必须出现一个完全能掌控企业的人。企业控制权的争夺必然会导致家族成员之间权利和利益的转移，也就是股权的二次分配，一旦二次分配没有得到很好的解决，企业经营有可能陷入进退维谷的地步。相反，不参与经营的子女对企业分配不满，执意要出售股权，公司回购股权过程中的企业价值评估也会引来不满和异议。

家族企业传承实际上是家族成员权力和利益的二次分配，解决不好家族企业内部亲眷的分配和去留问题，往往会导致家族矛盾无法调和，甚至家族破裂。中国大多数的企业主不愿看到这种情况的发生，往往会在晚年写下遗嘱，等企业主离开人世后用遗书的方式行使财产分配。而这一做法，往往又会引发子女们的冲突，甚至仇恨。

网上经常会报道：某某离开人世后，子女们刚从墓地离开就跑到律师事务所或者在某某的追悼会上由律师当场宣读遗嘱。随着遗嘱的宣布，子女之间可能当时就会出现刀剑相向的场面。大多数子女会认为长辈不公，甚至有的人会在心中骂：老东西心不正，这样对待我死有余辜。

这样的案例随处可见。2002年，家族企业大连新型集团董事长孙生有离世，生前老人订立遗嘱，由自己的孙女孙迎霞接管企业。但是，孙生有的儿子们持反对意见，而且反应非常强烈，认为孙生有安排不公。孙生有的儿子们联合起来反对和阻挠孙迎霞上任。最后，孙生有的遗嘱并没有实施。2004年，孙生有的次子因病去世，遗嘱也没能得到执行，最终只好选择了走诉讼程序。

遗嘱也会导致兄弟姐妹争权夺利、关系无法调和，家族破裂直至对簿公堂。所以，如何处理企业家族成员是企业传承过程中无法避免的问题，合理的股权分配方案是保证企业平稳传承的保障因素。

04 老将阻力：一起打江山的权臣，何去何从？

“一朝天子一朝臣”，企业的传承是新旧的更替。上一代的企业主靠自身的个人魅力吸引、团结了一班管理团队，伴随着创业者的离任，这些老将该何去何从？

作为企业的老将，他们是企业创业期的合作伙伴、创业元老级人物。他们大多与创业者有着紧密的合作关系，大部分是创业者的亲朋好友也是创业者的前锋大将，无论是顺境还是逆境，流血还是流汗，他们都始终跟随创业者一起打拼，是企业的功臣，有着汗马之劳。同时，他们大多是企业的高层，占据着企业的重要岗位，在企业中有着很高的地位和权利，可谓“一人之下，万人之上”。

首先，我们得弄明白这些老将对企业的传承有哪些阻力。

（1）位置与能力不符。

在企业的不同发展时期，出现的问题是不一样的，所以，管理位置对管理者能力的要求也不相同。随着企业的发展壮大，高层管理人员的知识和能力也需要相应地提高，而老将的年龄和思想决定了他们接受新知识的能力不足。

在“职位决定利益”的情况下，老将即使知道自己的能力不足、难以胜任现在的职务，往往也会死守不放，性质恶劣的还会拉帮结派，用尽手段破坏人才发展。

如果老将能力得不到提高又占着位置不放或者不能摆正自己在企业的位置，就会严重阻碍后辈人才的成长，进而给企业接班人的工作带来阻力。历来很多朝代在进行新旧君主交替的时候，老君主通常都会剪掉很多自己时期的羽翼，以便为新君主的即位做好铺垫。

明朝开国皇帝朱元璋在自己晚年的时候，对一些权臣大开杀戒。当时的太子朱标很不能理解，多次进行劝谏想挽留下这些有功之臣。朱元璋为了让朱标明白其中的厉害关系，命人找来了一根长满尖刺的荆棘让太子朱标用手去拿，而太子朱标害怕刺手畏惧不敢上前。朱元璋告诉太子朱标，杀掉一些权臣就像是去掉荆棘上面的尖刺，去掉尖刺就可以大胆地用手握住。只有杀掉一些权臣，才能让太子即位后更好地把握朝政，皇位才能坐得更安稳。

从上述案例可以看出，企业在传承的过程中，老将是阻碍人才成长和接班人工作开展的重要原因之一。

（2）不放权，不作为。

作为企业的老将，他们曾经为企业立下了汗马之劳，同时他们也得到了很高的地位和权力。企业的权臣们在谈论自己的成就时，往往会说想当年我怎么怎么做才得到了现在的地位。他们遇到挫折或者被冷落的时候往往会说：“要不是我们这些老将，企业也不可能有今天。”所以，他们不会考虑企业发展的需要，只会认为自己的地位是靠自己曾经打拼出来的，无论以后作为与不作为，企业赋予他们权力都是应该的。这就是俗话说的“占着茅坑不拉屎”。

孟子曰：“吾闻之也，有官守者，不得其职则去。”这句话的意思是，既然身居官职，不能尽心公务，就应该引咎辞职。这句话运用到企业传承上面，就是要告诉我们，老将如果不能尽心工作，就应该放弃权力，辞职回家养老。

从孟子的言语中，可以看出“在其位不谋其政”是一个历史普遍存在的现象。所以，我们应该建立健全的人事管理制度，以督促“在其位谋其政”，一旦不作为，就必须放权。

（3）不服管，破坏制度。

企业的制度需要随着企业的发展不断完善和改革，制度建设是企业在发展过程中必须经历的阶段。而对于企业的老将来说，他们是企业初创期的功臣，长期生活在不规范的制度环境中。制度的建设往往会在很大程度上剥夺他们的权利，会使他们感觉到新制度的设立就是为了针对他们，让他们产生“卸磨杀驴”的感觉。所以，这些老将会依仗自己的功绩以及和创始人之间的特殊关系，成为新制度的破坏者。首先，老将对制度的破坏往往会起到引起员工模仿的负面作用，让新员工感觉制度的效力差别对待，从而形成一种不健康的企业文化。其次，企业老将在与企业创始人一起打拼的过程中所建立的复杂的情感关系，往往会让企业的接班人陷入两难之地，而不管不问的话又会增长老将带来的不良之风。如何处理老将们不服管、破坏制度的问题，在企业传承过程中尤为重要。

宋太祖赵匡胤即位不足半年，就有两个节度使起兵谋反。虽然最后得以平定叛乱，但赵匡胤心里总是不踏实，想找到他们叛乱的原因。

有一次，他找赵普谈话，问关于历朝历代混乱的原因。赵普告诉他，国家混乱，原因是藩镇的权利太大，如果把权力集中到朝廷，天下自然太平无事。

赵普还说，虽然禁军大将石守信、王审琦两人忠心耿耿，不会叛变，但他们兵权太大，没有统帅的才能，管不住下面的将士。有朝一日，下面的人闹起事来，他们也只怕身不由主。所以，赵普建议赵匡胤解除他们的兵权。

赵匡胤深以为是，没过几天，就在宫里举行了宴会，请石守信、王审琦等几位老将喝酒。酒过几巡，他拿起酒杯与大家共同干了一杯说："如不是你们出力，我是得不到这个江山的，我从内心念及你们的功德。但是做皇帝太难了，还不如节度使快乐，我整日整夜不能寐。"

老将们忙问其故，赵匡胤答："这不难知道，我这个皇位谁不眼红呢？"

老将们听出话音，诚惶诚恐，连忙叩头说："陛下为什么要这么说，现在天下已定，谁还敢对陛下有异心？"

赵匡胤答："你们虽然没有异心，但是你们的部下若想要富贵，硬让你们黄袍加身，到时你们也身不由己了。"

老将们听到这里，感觉大祸临头，弄不好会引来杀身之祸，哭着恳求赵匡胤给指名一条"可生之徒"。

第二天，老将们以年老多病为由，请求解除他们的兵权。赵匡胤欣然答应，收回兵权，赏赐他们大笔财物，让他们到地方任节度使。

这就是历史上有名的"杯酒释兵权"。这个案例也间接地告诉我们，在传承的过程中，如何对待老一辈的有功之臣，意义重大。因此，制定良好的退出机制对企业的平稳传承至关重要，合适的退出机制可以避免引起老将"内讧"，从根本上避免影响企业传承。

05 文化危机：新旧文化如何碰撞取舍？

企业文化是一个企业的灵魂所在，是企业的最大竞争力。一个企业要想生存、发展，企业文化的革故鼎新是必然要求，而这必然会出现新旧理念的冲突，导致新旧企业文化的碰撞。

对于中国大部分的民营企业来说，由于时代背景等因素的影响，企业创始人与亲戚、朋友等仅凭着一股敢想敢干的精神，通过原始的创业手段就把企业创办起来。重感情、重亲情、重人情等浓厚的“家天下”文化是创业初期的普遍现象。但是，随着时代的变化，企业发展需要的是重创新、重制度、重人才的新文化。

民营企业在创办初期是以家族成员为组织核心、血缘关系为纽带、家族利益为基本目标，所有权与经营权高度集中，企业文化即是家长文化。但这样的企业文化带有浓厚的家族色彩，存在一些特殊的问题和困境。

（1）企业用人机制任人唯亲。

受中国传统文化的影响，大多数民营企业文化具有浓重的关系色彩，它是建立在“家族”观念的基础上，“任人唯亲”是企业创办初期的用人机制。因此，企业在任用人才时，觉得亲情是最为重要的，企业的重要职位都是由亲属担任，而引进的人才只能担任副职。同时，在企业内部，由于经营者即是所有者，人际关系比较复杂，企业的人事制度形同虚设。在对亲属和普通员工的管理上，企业主一般采取"内外有别"的双重化管理标准，基本上没有公平可言。久而久之，企业文化就会缺少人文关怀，很难在人才的引进和培养上面下成本，即使培养出人才，通常也很难留住。

（2）对外人缺乏信任容易引起信任危机。

在"家天下"文化的支配下，企业的内部管理往往会分为针对"自己人"和针对"外人"两种不同的管理方式。企业主对"自己人"比较信任，对"外人"就会持怀疑态度，渐渐地甚至会疏远"外人"，很难对"外人"做到真正的信任。当然，对"外人"的不信任还有一个原因是企业主的综合素质不高，缺乏深层次的人文思想和哲学思想，缺乏识人任人的能力。

同时，"外人"在企业得不到信任，他们认为自己的付出不可能得到回报，再努力也不可能得到认可，久而久之，企业的信任就会缺失，企业的凝聚力就会降低。比如，处理同一件事情，同样的建议，"自己人"提出来就会得到企业主的重视，这件事情就办成了。而如果是"外人"提出来的，企业主首先考虑的可能不是这个建议的好坏，而是他为什么会提出来，提出来对他有什么好处。这就是典型的"信任危机"。"外人"口中常说的"人微言轻"其实反映的就是信任危机。

（3）企业决策缺乏科学性和民主性。

在中国，传统的管理文化是强调对管理者的尊重和维权是从，正所谓"君叫臣死，臣不得不死；父叫子亡，子不得不亡"。在中国，民营企业主是企业的管理者，拥有绝对的权威，说一不二，权力高度集中。长期以来，企业主凭借着他们对市场、客户、产品的非凡把控力和对市场机遇的超强洞察力，取得了一定的成就，而这种成就久而久之又会让企业主养成唯我独尊，不容别人质疑的做事风格。

企业主在做决策时一般是以主观判断和自己的喜好为依据，往往会忽视科学的分析。但是，企业主的个人能力和经验一旦出现不足或者力不从心的情况，而又缺乏集思广益的主观意识，那么就很容易导致决策错误。而这种错误由于缺乏民主机制的制约，很难纠正，势必影响企业的经营发展，严重的甚至导致企业走向灭亡。

综上所述，中国民营企业文化在创业初期具有缺乏用人机制，经营权和所有权过于集中，家长管理机制等显著特点。但是企业若想在外部环境的不断变化中得以发展，走出企业文化的困境，实现文化再造，企业文化就必须不断地创新。

那么，在企业的传承过程中，要想实现企业文化从重感情、重亲情、重人情到重创新、重制度、重人才的革故鼎新，摈除弊端得以发展，就需要一些创新措施。

（1）“情”和“理”的契合。

在企业新旧文化的碰撞过程中，“情”是天然的，是建立员工之间亲密关系的基础。但是，在强调“情”的时候，一定要以“理”为依据，无论是“自己人”还是“外人”都要在“理”的范围内维护对方的利益，尊重双方的生活准则，做到有情有义。这就要企业的成员在做人做事方面，情不可凌驾于法理之上，要以制度为准绳。

（2）创业者的人格与现代管理理念的契合。

创业者的人格魅力是企业文化的基石，创业者的理念是企业文化的核心。创业者的能力、经验、知识和成绩是企业生存和发展的基础。要在企业内部建立科学的决策机制，完善的激励和约束机制，鼓励员工参与管理，集思广益，做到科学分析，专业人干专业事，把集权和授权有机地结合起来，以避免决策失误。这样，不仅可以增强企业的凝聚力，还能使企业更富生命力。

（3）"小家"与"大家"的契合。

"小家"指的是家族，家庭。"大家"指的是企业所有的成员。企业的管理者要创新用人机制，实现从亲属信任到制度管人的跨越，对各类人才引得进、用得上、留得住，无论是"自己人"还是"外人"，能者居上。在企业的管理上，要做到"自己人"尊重和善待"外人"，要做到"小家"与"大家"的契合，企业应该建立完善的人事管理制度，任人唯贤和任人唯亲要在制度上体现统一，既要"自己人"学习现代经营管理，又要聘请有才能的"外人"参与经营管理。同时，企业针对企业所有成员要建立学习和竞争机制，把合适的人放在合适的岗位上。

Chapter 2

继任者再造：

传承模式决定基业前途

家族企业在进行传承规划时，一般有三种传承模式可以选择：尧舜禅让、帝制传承和共和民主。这三种选择没有绝对意义上的优劣之分，更没有绝对的对错。选择的关键只在于适不适合。而是否适合的关键，又在于选择某种传承模式之后，会对家族企业的发展带来怎样的影响。

案例解读：台塑集团王永庆的接班布局

台塑集团成立于1954年。经过50多年的发展与扩张，台塑集团已成为迄今台湾最大的民营制造业集团之一。其创始人王永庆被称为“世界塑胶大王”。而王永庆家族更是台湾新兴大家族之一，家族人员众多，仅家族第二代，王永庆及他弟弟的孩子，就有21人，并且几乎全在家族相关企业任职与发展。

王永庆跟弟弟王永在共同创办了台塑集团，并共同管理这个商业王国50多年。2006年，王永庆和王永在同时卸任，由原任台塑集团总经理一职的李志村接任董事长一职，王永在的长子王文渊升任总裁，王永庆的女儿王瑞华担任副总裁。在职位交接之后，台塑集团继续保持稳定发展，旗下上市公司的股价也是稳健上扬。由此，台塑集团顺利完成了二代传承。

王永庆掌控台塑集团50余年间，除了专注于公司的经营管理之外，大部分的精力都用在了布局企业传承计划。王永庆要求家族中的子女完成学业之后，都必须立即进入台塑集团从基层开始磨练，为“子承父业”做好准备。原本，王永庆准备将家业传承给长子王文洋，但最终未能实现。

如何让家族企业永续经营？如何让家族财富顺利传承？在这两个问题面前，王永庆不仅要考虑家族企业在其退位后的经营管理，还要考虑家族财富的保值、升值。

在家族企业的永续经营策略上，王永庆除了考虑集团内部各事业体之间的合作与业绩之外，同时考虑到如何维系各事业体之间的股权控制与联系，避免台塑集团分崩离析。最后，王永庆采用亚洲家族企业常用的金字塔股权结构对台塑集团的股权进行了设计。首先，以台塑集团“四宝”（台塑、南亚、台化、台塑化）之间彼此交叉持股为核心，通过金字塔型持股，将台塑集团的董监事牢牢抓在手中。这种复杂的股权结构设计，不仅可以使台塑集团下面几家重点上市公司的股权得以集中，保障家族对台塑集团的控制，避免受到市场其他股东介入影响台塑集团的发展，同时可以防止家族成员借由股权破坏家族和谐、分散股权。

此外，在王永庆的股权结构设计中，并没有把对台塑集团的最终控制权留在家族中，而是通过一个慈善基金——长庚纪念医院实现对台塑集团核心企业的控股。这也是王永庆传承布局中的一个“妙笔”：首先，通过慈善基金把企业和家族的其他财产进行剥离，即使家族内部出现纷争也不会影响企业的永续经营；其次，王永庆家族中的二代子女无权出售或争夺慈善基金内的股份，不仅在一定程度上避免了家族纷争，还能够有效避免家族企业被分崩离析；最后，王永庆家族透过慈善基金的法人股权和理事会的支持，可以继续保持着对台塑集团的管理和控制。最后，在台塑集团管理权的传承上，王永庆没有直接交给家族的二代子女，而是交给了一个7人决策小组（现为9人小组）。该决策小组成员由家族成员和职业经理人共同组成，由继任总裁王文渊、副总裁王瑞华领导。7人决策小组掌控台塑集团的决策权，同样是王永庆的用心良苦：一方面，家族成员可以传承他的核心价值，而经验丰富且能力突出的职业经理可以在集团的战略决策上给予专业意见，使家族企业能够稳定发展；另一方面，决策小组和理事会能够互相监察、平衡企业和家族的各方利益，减少矛盾冲突。

王永庆对家族企业的传承布局可谓是华人家族企业传承的典范。在如此周密的布局之下，即使在王永庆去世之后，台塑集团也并没有受到冲击，一切运作如常。

01 尧舜禅让：选择合适者进行权利交接

禅让传承方式，一般是将家族企业的经营权禅让给有能力的人，这个人可能是家族成员，也可能是家族之外的老将功臣，而家族继续拥有企业的所有权。这种传承模式最大难点就在于，接班人的选择和培养以及家族成员对禅让权利的冲突处理。

创始人的个人挑战：权与利的斗争

创始人的传承意愿是企业传承的必要条件，是影响传承成功的重要因素之一。作为企业的一“家”之主，民营企业的创始人控制着企业的传承过程，他们掌握着是否实施传承计划的决策权。

权力是利益的象征。企业的创立和发展靠的是创始人辛苦的打拼，他们将一手建立起来的企业当作自己毕生的心血，一旦退休，他们的控制权、声望和社会地位将会丧失。大多数的民营企业创始人在谈到传承话题时往往表现出回避态度，他们会给出各种理由：挑选接班人会影响家族的和谐；接班人的能力还不行；自己的身体还能干得动……如此种种，迟迟不愿放手。

其实，创始人传不传的意愿所反映的主要是权与利的斗争。创始人是否实施传承计划的最主要因素有两点：创始人在企业中的权力和利益。创始人拥有的决策权力大小和所占企业的股份多少直接影响到创始人的传承意愿。

（1）创始人决策权力的大小与传承意愿呈反比。

创始人拥有企业决策权力的大小，是由创始人在企业经营活动中的影响力以及他本人对权力的热衷程度决定的。

第一，创始人拥有很大的企业决策权力，说明他在企业的发展过程中做出了很大的贡献以及他对权力比较热衷。他们已经习惯了拥有这些权力，一旦退休，他们就会失去在企业的权力。当然还有一个原因是他们把企业看作自己的毕生心血，和企业建立了浓厚的情感，舍不得放弃。

同时，创始人拥有的企业决策权力越大，说明他们在企业的地位越高。他们不仅是企业的管理者，更是企业的精神象征，是员工崇拜的对象。一旦褪去这些光环，创始人的心理会产生失落感，在情感上难以接受。

所以，创始人在企业里决策权力越大，他们过分留恋这种权利的可能性就越高，他们不愿意放弃这种权利，进而他们的传承意愿就会越弱。

第二，创始人在企业的决策权力越小，说明企业的组织机构比较健全、约束机制比较规范。健全的组织机构与约束机制要求创始人不能完全按照自己的意愿行使决策权，企业重大的决策需要与企业决策机构共同做出，并接受监督机构的监督。这样一来，创始人就不可能搞一言堂，他的行为必须为企业的利益相关者负责，权力受到很大的约束。决策机构和监督机构一旦对创始人的行为不满意，那么，创始人的决策权力将得到减弱或者剥夺。

同时，企业传承也是应对企业重大经营危机的手段之一。当企业出现严重危机时，决策机构和监督机构为了避免事态往不好的方向发展，会把一部分责任归咎到创始人的身上，以此逼迫其引咎辞职。

所以，创始人在企业的决策权力越小，决策机构和监督机构越健全，进而他们的传承意愿就越强。

（2）创始人利益的大小与传承意愿成反比。

俗话说，“无利不起早”，“人为财死，鸟为食亡”。利益是企业得以生存和发展的动力。在企业的传承过程中，创始人的利益能否得到保障或者增加，将是衡量创始人是否愿意传承的首要条件。

创始人所占企业股份越多，传承意愿越小。创始人所占股份越多，从企业的经营中得到的利益就越大。传承的过程中，企业多少会存在一定的风险，而无论风险的大小，企业的利益都会有一定的损失，而这又直接关系到股东的利益，一旦在传承的过程中企业的利益出现损失，那么这些损失会均摊到企业的股东身上。因此，创始人持有的企业股份越多，承担的风险越大。

企业的传承不仅仅是企业负责人的更替，还会伴随着人事的调整和制度的改革。民营企业中，人事关系盘根错节，牵一发而动全身。现有的企业制度是现任企业管理层利益的保障，一旦新接替的企业负责人进行制度改革，新的制度肯定只会有利于接班人的利益，这样就很难保障创始人可以继续得到最大化的利益。

所以，从利益的角度出发，创始人所占的股份越多，在企业的传承过程中承担的风险越大，传承意识也就越弱。

创始人家庭在企业的股份越大，传承意愿越弱。中国大多数的民营企业是以家族企业的形式存在的。在家族企业中，家族成员拥有大量股权，同时在企业关键位置任职，他们手中掌握着与企业利益相关的权力。这样，企业的发展就与家族的利益休戚相关，企业的传承对于家族来说尤为重要。在企业的传承过程中，家族成员为了保障自己的利益不受到损害，会积极地参与传承计划的制定和实施。

在家族企业，创始人的权力大小取决于能够得到多少家族成员的拥护。创始人作为企业的管理者，他所制定的企业发展策略和权益制度得到了大多数的家族成员的认可，也是符合大多数家族成员的利益的。所以，家族成员更愿意创始人来管理企业以保障他们得到最大化的利益。

毕竟创始人管理企业和家族多年，在处理企业和家族关系方面积累了很多的经验。在处理家族和企业之间、家族内部成员之间的利益矛盾时，创始人的多年威望和处理事情的原则已经被家族成员所接受。一旦企业进行传承，新的接班人处理事情的原则肯定不会和创始人一样，在进行处理以上关系的过程中不一定能符合家族利益的要求。

所以，在没有其他因素影响的情况下，企业创始人决策权的大小和股份的多少是其是否愿意传承的根本所在。创始人决策权越大，他所希望掌握这种权力的时间越长，越不愿意放权；创始人的股份越多，他所得到的利益越大，同样在传承问题上会更加小心翼翼。

当然，创始人传承意愿的强弱还取决于传承带来的收益与放弃权力的付出之间的比例。

让企业为权力交接做好准备

企业权力的交接意味着管理层的重组和利益的重新分配。在这个过程中，会出现许许多多的问题，这些问题一旦出现势必会影响传承的成功与否。所以，在进行企业权力交接之前，我们要做好充分的准备，以保证企业的传承顺利进行。

海鑫钢铁是山西第二大钢铁企业，也是山西省最大的民营企业。到2003年，海鑫钢铁已发展成为资产规模超过40亿元的地方支柱企业。截止到2004年纳税额已超过3.66亿元人民币。然而，2014年3月18日，随着最后一个5号高炉的无奈熄火，这个钢铁巨人已“无米下锅”，债主“围城”，进入破产重组。

2003年1月海鑫钢铁创始人李海仓因私人矛盾被枪杀于自己的办公室内。当时，李海仓的儿子李兆会只有22岁，在澳洲学习金融。在李海仓父亲李春元的主持下，对接班没有丝毫准备的李兆会从海外被召回，辍学回国，临危受命，执掌海鑫钢铁。

由于是临危受命，李兆会接班的过程并不顺利。李兆会上任以后，核心权力掌握在临时辅佐小组手里。为了夺得核心权力，李兆会以海鑫钢铁旗下的一家水泥厂为代价，对企业进行了一次洗牌。

李兆会接班时曾豪言壮语：“企业是我父亲的，不能让它败在我的手里。”

然而，李兆会并不热衷于钢铁行业，十年来他醉心于资本市场，对钢铁主业几乎不闻不问。他先后在北京创建了数家投资平台公司，主要从事投资业务，海鑫钢铁在闻喜的总部实际上变成了一个“空巢”。

李兆会自己曾说过：“现在财富对我来说是种压力，我明白海鑫有

> 9000多人等我开饭，我一个决策失误，会砸掉许多人饭碗。这个压力对我来说太大了。”
>
> 闻喜县经贸委的一位中层干部曾说过：“闻喜人都知道，李兆会对钢铁业务根本不感兴趣。一年中的大部分时间他都在北京、上海等地，很少回闻喜。海鑫钢铁的高层都很难见到他一面，供应商和政府领导更是对他的行踪毫无了解。他不仅对总部不闻不问，还不断从海鑫钢铁身上抽血，海鑫钢铁能不出事吗？”

这样的案例比比皆是，因多方面的顾虑，很多民营企业的创始人在生前没有为传承做准备，只好在死后用一纸遗书将企业的命运交到自己认为合适的接班人手里。但是，这些创始人有没有考虑过，企业为传承准备好了吗？接班人准备好执掌企业了吗？

在没有任何准备的情况下，让一个缺少企业历练和基层打磨、还未培养成熟或者没有开始培养的接班人临危受命，本身在准备阶段就走错了一步，传承企业又如何能够成功呢？

海鑫钢铁传承的失败，本质上是企业文化和制度的传承的失败。企业文化和制度如果没能准备好，在传承的过程中，权力交接根本得不到保障。

企业为权力交接做好文化传承准备。海鑫钢铁传承的失败还告诉我们文化才是最重要的传承。如果没有文化，企业的传承将失去灵魂。李兆会接班以后热心于投资行业，几乎抛弃了安身立命的钢铁业务。这说明他没有继承其父李海仓的企业家精神，他的经营理念背离了企业的宗旨。

他从钢铁业务到投资业务的转型，说明他也没能继承企业的价值观。海鑫钢铁不仅仅为家族谋取了丰厚的利润，同时还解决了地方近万人的就业问题，承担着地方近半的财政收入，热衷于社会福利。这些是其父李海仓一步一个脚印，抱着回报社会的理念打拼出来的。李兆会接班以后热衷的投资行业虽然收益很高，但是风险极大，这样的做法也完全背离了作为一个家族企业负责人应有的价值观。

从另外一个方面来说，这些文化的缺失并不是说接班人故意而为，说明企业没有做好文化传承的准备。无论是创始人的突然离世还是被迫放权，企业在传承的过程中出现问题的前提是企业没有做好宣传和计划。

所以，任何一个企业要想保持基业长青，必须要在继任者没有上任之前就进行一定的宣传和计划。首先要告诉企业的员工，企业是必须传承的，谁将是继任者，在传承的过程中员工要做什么。其次要告诉继任者，他们需要具备怎么样的素质才能成为继任者，哪些传承是不能缺失的。

企业为权力交接做好制度准备。制度可以保障一个企业的经营管理在任何情况下都能有序地进行。李兆会的接班是其祖父大力支持并一手策划的，也就是说海鑫钢铁的传承基本没有制度可遵循。

李兆会顺利接班以后，把海鑫钢铁的主营业务从钢铁业务转到投资业务上，使海鑫钢铁总部变成“空巢”。为什么他可以把大量的资金抽出来做投资业务？一方面说明他的决策权力很大，权力已经做到无原则的集中；另一方面说明企业的约束机制也就是制度不够完善。如果企业制定了健全的约束机制，不可能让管理者随心所欲。毕竟从一个业务方向到另一个业务方向的转变，不仅仅靠决策者的敏锐嗅觉和勇气，还需要科学的分析和股东的支持。一个决策是否科学，首先要有一个决策机制，一个规范的制度。

一个临时从国外辍学回国的李兆会为什么会成为接班人？仅仅因为他是李海仓的儿子，不是因为他具有管理企业的才能、经验，也不是因为他具有平稳收回权力的地位。这就说明中国大多数的民营企业在对待传承的态度上基本是子承父业。子女就是企业的接班人，不需要什么制度，也不需要培养，出生就拥有企业的继承权。而这样的做法，显然无法面对竞争日益激烈的市场经济，一旦企业的接班人没有掌控企业的能力，这个企业注定会走向灭亡。

IBM的“长板凳计划”，GE领导人培养艺术，联想的“分槽喂马”，方太集团的“三三制模式”……这些企业权力的交接的成功都是因为企业在传承的初期就做好企业文化和制度上的准备工作。无论发生什么样的情况，企业都能保证平稳、顺利地进行权力交接。

培养最符合企业利益的接班人

在选择接班人的时候，很多企业都会面临任人唯亲还是任人唯贤的两难选择。“金无足赤，人无完人”，同一个人如果放在不同的企业环境中，相同的管理模式，他的业绩肯定是不同的。

“用人如器，各取所长”，管理没有先进和落后之分，只有适合还是不适合。所以，接班人也没有优秀和平庸之分，只要是适合企业需求的、符合企业利益的就是企业最好的选择。

正如一位管理大师说：“企业选择接班人，选择什么样的人不重要，重要的是用什么样的制度选。”无论是任人唯亲还是任人唯贤，在选择接班人的时候，有一点是相同的，企业必须注重接班人的培养，

只有按照计划培养出来的接班人才是企业所需要的。IBM、GE 等百年企业之所以能做到企业长青，是因为他们有着一套完善的接班人培养计划。

杰克·韦尔奇选择接班人的故事是GE“接班人计划”的典范。1981 年，杰克·韦尔奇接手 GE，成为 GE 历史上最年轻且最富盛名的 CEO。在他执掌 GE 的 20 年时间里，GE 在市场资本增长了 30 多倍，成为世界第二大的跨国公司。同时，杰克·韦尔奇也被誉为“美国当代最成功、最伟大的企业家”“全球第一 CEO”等。

杰克·韦尔奇认为，他执掌 GE 期间最大的成就不是创造了惊人的业绩，而是为 GE 培育了人才，特别是选择接班人。

1994 年，仅仅 57 岁的杰克·韦尔奇就着手启动遴选接班人工作。他向董事会专责管理发展与后备人才的委员会提交了一份手写的 24 名候选人名单。这份名单里包括了在 GE 占有重要地位的 7 家最大分公司的负责人，4 名高层管理人员，13 名表现和潜质较好但职位和级别不同的各级主管。候选名单通过后，杰克·韦尔奇有意对这 24 名候选人委以重任，重点栽培。

锁定 24 名候选人后，杰克·韦尔奇根据他们的能力和经历不同，有计划地安排他们的职务，加以培养。所有的职务安排都是以训练他们成为接班人而设置，以测量他们的成长能力。

同时，为了防止企业内部员工支持不同候选人而拉帮结派，各候选人之间彼此仇视，董事会对这些计划极度保密。而为了能使候选人即使落选，还能保持他们之间的友谊以及公司的内部稳定，董事会在选出新任 CEO 之后也会对各阶段的人选、理由等细节守口如瓶。

杰克·韦尔奇还经常地安排董事会成员与候选人接触并实地参观他们的工作状况，让董事们近距离了解候选人的工作能力以及人格、品质等，如和员工的互动、是否会选才、部门的决策品质和工作气氛等，让董事们充分了解每一位候选人。同时，杰克·韦尔奇还将接班人选举工作纳入董事会的固定议程，并对候选人进行多种考核，每年两次的董事会例会会专门对候选人讨论、评价、淘汰。

在这3年期间，杰克·韦尔奇殚精竭虑地通过活动、考察、参观、座谈等策略，使董事会可以更全面地了解候选人中佼佼者的管理特长、能力等。1997年，杰克·韦尔奇组织董事会对24名候选人的表现进行集中评议，最终24名候选人被缩小到8名。

经过两年的考察,44岁的杰夫·伊梅尔特、51岁的詹姆斯·麦克纳尼、52岁的罗伯特·纳尔代利等3位出类拔萃的候选人被确实为CEO的最后角逐者。他们都非常优秀，无论是在工作态度、能力，还是人格、品质上都无可挑剔。这让董事们很难抉择。正如杰克·韦尔奇在自传里写的："选择接班人工作不仅是我职业生涯中最重要的一件事，而且是我面临过的最困难、最痛苦的选择。"

最终，杰克·韦尔奇和董事会采用了琼斯的"从时代环境需要来选择接班人"的做法，选择了平易近人、性格温和、具有更强开拓创新能力的杰夫·伊梅尔特为GE的下一任CEO。

在杰夫·伊梅尔特上任前的一段时间，杰克·韦尔奇不仅亲自来带杰夫·伊梅尔特，还安排了两名副董事长辅佐，以保证杰夫·伊梅尔特顺利度过适应期。

GE的董事们以及杰克·韦尔奇选举候选人的细节以及评估标准，我们不得而知，但他们愿意在培养接班人上面付出那么多的金钱和精力是毋庸置疑的。一名董事曾表示，在候选人评选的过程中，所参与的董事之多以及所投入的时间和心血之大都是空前的。

杰夫·伊梅尔特的当选告诉我们，企业在选择接班候选人时并不是选择最优秀的，而是根据企业外部的时代环境、市场状况，以及企业内部的发展状况、战略布局和管理机制等综合因素来选择最适合企业发展的接班人，只有这样才会选择出最符合企业利益的接班人。

后来，“9.11”事件爆发，美国股市陷入恐慌，GE公司的产品受到了严重打击。在短短的两年内GE的市值大幅下跌，公司面临严峻挑战。杰夫·伊梅尔特重新规划GE的业务结构，通过并购娱乐、生命科技、安全技术和绿色能源等前景良好的产业，很快扭转了危机局面。

杰夫·伊梅尔特在GE面临严峻挑战时的出色应变和创新能力，使GE成功度过危机并实现了利润的持续增长。这些都充分证明了GE在培养符合企业利益的接班人计划上面是成功的。

企业接班人是企业发展战略实施的组织者和领导者，而企业战略又是企业保持基业长青的核心能量来源。所以，企业必须根据自身的发展战略，制定详细的培养计划，培养出符合企业利益的接班人，只有这样才能保持基业长青。

理清紧张的家族关系，并妥善处理

在家族企业权利交接过程中，最大的阻力往往来自于家族关系。所以，家族企业要想成功实现权利交接，首先要清楚何为家族企业以及家族企业中的家族关系，然后在对家族企业进行基业再造的时候，妥善处理好这些关系，以有效降低因为家族内部矛盾而带来的风险。

本书中反反复复地提到的“家族企业”到底是什么样的企业呢？最简单的解释就是家族控制的企业。我们可以从以下几个方面来判断一个企业是不是家族企业。

家族是否对企业控股。一个家族企业最主要的体现形式就是股权高度集中在某一家族手里。所以，初步判断一个企业是不是家族企业，首先就要看这个企业的股权是不是大部分或者全部掌握在家族的手里。家族拥有的股权越多，这个企业就越趋向于家族企业，如果家族在企业的股份达到或超过控股比例，这个企业就一定是家族企业。

家族成员参与经营的程度。家族企业最明显的特征除了家族控股外，还有一个就是企业有多少重要职位是由家族成员担任的。一个企业的重要职位都是由家族成员担任，或者说家族成员参与企业经营程度越高，那么，这个企业是家族企业的可能性就越大。比如，除了企业主之外，妻子、子女、兄弟姐妹以及七大姑八大姨等也参与了企业的经营，并且依据与企业主关系的亲疏，所担任公司的职位也有高有低。

家族长控制大权。家族企业一般是企业创始人通过个人能力和个人魅力，团结和自己有血缘关系的亲属，一起组建的企业。在这样的企业中，家族长的个人魅力起到很重要的作用，久而久之，家族长的权力就会放大，企业的控制权就会顺理成章地被家族长掌握。

最后，企业在家族内部传承也是家族企业的一个重要特征。也就是说，不仅第一代控制着企业，往后的每一代都控制着企业。企业的控制者可以是企业主的直系亲属也可以是企业主的旁系亲属，但必须是家族成员。当然，这里所说的控制并不一定非是同时控制企业的所有权和经营权，也可以是控制其中的一个。

综上所述，家族控股、家族经营、内部传承是衡量一个企业是不是家族企业的标准，这些标准最核心的特征就是家族以及家族成员。家族对企业的控股、经营必然会衍生家族关系，如果企业选择的接班人不是家族成员或者不符合大多数家族成员的利益，那么势必会得到家族的反对，一旦处理不好家族关系就会产生家族矛盾，给企业传承带来阻力，更甚者会导致家族破裂、企业传承失败。

某企业，经过30年的发展现已成为年生产总值超过50亿元的知名企业。创始人是兄弟两个，老大占有51%的股权负责企业的经营，老二占有49%的股权帮助老大工作。

在经营的过程中，为了鼓励自己的子女参与经营，老大把企业20%的股权分给大儿子，企业20%的股权分给小儿子，企业11%的股权分给了女儿；老二把企业30%和19%的股权分别分给了自己的儿子和女儿。老大的大儿子负责企业的市场运营，小儿子负责企业的采购，女儿负责企业的财务；老二的儿子负责企业的生产，女儿和老大的女儿共同负责企业的财务。

现在，老大和老二都年事已高，准备从现有的子女中选择一个接班人。但是，老大和老二的子女表现都非常突出，能力不相上下。那么，问题就出来了，选择谁做接班人呢？在老大的权威影响下，最后老大的大儿子做总经理，老二的儿子做企业的副总，老大的小儿子负责生产，老大的女儿负责财务，老二的女儿负责人事，老二的女婿负责市场运营。

老大和老二的子女经过几年的经营，企业内部相关岗位都安插了自己的亲信，七大姑八大姨的都参与了经营，各自的能力也都有了不同程度的提升。由于这些子女在企业的实力有了悬殊，你不服他的管理、他埋怨你的无能等不良情绪慢慢滋生，各自拉帮结派。

这个时候，家族的矛盾开始“崭露头角”。老二的儿子善于经营人脉，得到了家族大多数成员的支持，同时又拥有企业最大的股权，开始滋生了对老大儿子取而代之的念头。

几年后，老大和老二都相继去世。家族的矛盾就更加凸显出来，争权夺利的势头更加凶猛，内部纷争不断。老二的儿子认为自己拥有企业最大的股权，所以，他才有资格拥有企业的管理权。老大的子女合在一起的股权占绝对优势，所以，认为企业的管理权应该由他们三兄妹掌握。后来，老大的大儿子联合小儿子和女儿解除老二儿子的管理权成为了家族矛盾爆发的导火索。

矛盾不断加剧，彼此争权夺利的手段也变得非理性，各种卑劣、阴损的招数都无不用其极。从经营权的争夺到后来股权的重新分配，老大的子女和老二的子女之间大小仗不断，而他们背后的关系也参与了进来，整个企业一片鸡飞狗跳的景象。

最后，他们的主要心思都用在了争权夺利上面，企业的管理陷入瘫痪，企业的生产质量一落千丈，口碑受到了极大的影响，营业额急剧下降。从一个年生产总值超过50亿元的知名企业，分裂成大大小小的三家公司，一个知名企业从此成为历史。

像以上这样，在现实生活中没有妥善处理好家族关系，导致兄弟阋墙、亲戚反目成仇的案例比比皆是。这样，家族企业的最大优势——超强凝聚力也不复存在，企业最终的结局是走向分裂甚至于倒闭。

所以，在关系为重的家族企业里，家族企业理清并处理好家族关系是传承过程中的重中之重。

权力禅让后，创始人的权利与义务

禅让是指企业主为了让更有能力的人管理企业，通过转让经营权达到企业传承的目的。根据权力被传承者不同，禅让分为两类：外禅和内禅。外禅指企业主将权力让给非家族成员，一般指企业通过内部培养或者外部空降的职业经理人；内禅让指企业主将权力让给家族成员。

禅让是与世袭相对应的，相对于接班人，世袭是被动的接受，而禅让则是主动的争取。禅让的对象是有能力的人，同时也是最适合企业利益的接班人。

02 帝制传承：百年老店的原汁原味

帝制传承的主要方式为子承父业。这看上去几乎是家族企业最完美的传承模式。现实却并非如此。在中国家族企业的继承难题中，到底要不要子承父业？如何顺利实现子承父业？俨然已经成为家族企业传承最重要的问题。

父子传承的利与弊

在中国，由于市场经济秩序还不太完善、社会信用缺失和传统

“家”文化的影响，“子承父业”是目前我国家族企业传承的首选及主流模式。

与非家族企业相比，家族企业家所担负的责任除了促进企业的发展，还需要担负家族的发展。也就是说，家族企业家最大的职责是协调好家族系统和企业系统的平衡发展。在企业面临传承时，家族和企业的矛盾就会不断激化。“子承父业”作为家族企业的主流传承模式，在企业传承矛盾出现时，相对于其他传承方式，会表现出它特有的优势。

“子承父业”的企业传承方式，是建立在血缘关系的基础上以实现家族企业的延续。因此，在企业传承的过程中，“子承父业”会充分考虑家族的发展。也就是说，在企业利益和家族利益产生矛盾且不能兼顾的时候，家族的利益会占据优势地位。

因此，“子承父业”的传承模式，在家族企业的传承中有利也有弊。

（1）“子承父业”的传承优势。

血缘关系是人类最最亲近的关系，它是无法随着人们的意志而改变的。作为以血缘关系来进行传承的“子承父业”方式，其最大优势有以下几个方面。

① 保持所有权和经营权的高度统一。家族企业的创始人即是企业的经营者，也是企业的所有者。“子承父业”的传承方式，接班人继承的也同样是企业的所有权和经营权。

首先，选择“子承父业”的传承方式，企业不需要再招聘专职的职业经理人，省去了一大笔的人力成本。

其次，接班人拥有的所有者和经营者双重身份，会决定他的经营决策要以家族利益出发，重视企业的长远利益，并且不会为了眼前利益而损害长远利益。同时，在瞬息万变的市场竞争中，接班人拥有的双重身份更利于企业迅速做出反应，及时采取行动。另外，作为企业的所有者，企业的收益即是家族的收益，接班人在企业的经营过程中不会出现虚假账务、偷奸耍滑等行为。

最后，也是最主要的一点，接班人的双重身份会在一定程度上减少企业和家族由于利益不同而产生的矛盾。对于企业来说，企业的利益高于一切，而对于家族来说，家族的和谐才是它们的宗旨。所以，对于家族企业来讲，企业的经营权和所有权分离，家族和企业的矛盾就会凸显出来。而家族和企业之间的矛盾不可调和也是很多家族企业最后走向分崩离析的主要原因。“子承父业”的传承模式，接班人首先是企业的最大所有者，也是企业利益的最大相关体，同时也是家族利益的最大相关体，两者统一在一个人的身上，矛盾将得到最大程度的调和。

② 信任度高，最大程度上降低财富流失的风险。“子承父业”的传承模式中，企业的接班人都来自于家族内部，一般来说是企业家的子女。在传统的观念中，孩子是父母的一切，父母辛辛苦苦挣得的家产也是为了留给孩子，这是人的天性。所以，对于企业家来说，企业传承给自己的子女是不需要任何信任成本的。同时，父母与子女血脉相连，子女作为父母生命的延续，是父母的教育下成长起来的，对事物的认知和处理方式会和父母有一定的相似性，相对于其他传承方式，家族对企业的可控性更强，对企业的监督成本更低。

在职业经理人市场不健全情况下，企业选择“子承父业”的传承模式，可以有效地降低企业在经营过程中由于职业经理人职业道德缺失而给企业带来的财富流失。

③ 保持企业稳定。在大多数家族企业中，企业的经营和发展大多靠企业家的个人魅力和决策能力，在规章制度上相对欠缺，大多数的家族企业的经营管理都是以人治为主导。所以，家族企业在进行权力传承时，一旦接班人选择的是非家族成员，很容易出现内部不稳定的情况，甚至引发动乱。

在很大程度上来说，“子承父业”的传承模式，是子女继承父母的权力。首先，这种传承模式是企业家的意愿。企业家在企业中的个人魅力和影响力是毋庸置疑的，他的意愿往往会得到大部分人的认可并给予支持。其次，接班人作为企业家的子女，也是家族成员之一。家族掌握着企业的大部分或者全部的股权，同时掌握着企业的重要部门。接班人是家族成员，是符合家族利益的，为了维护家族的利益，家族会在传承的过程中给予最大的支持和帮助以维护企业的稳定。

（2）“子承父业”的传承劣势。

“子承父业”的传承模式，对于家族企业来说，在伦理上和情感上都是企业家最好的选择。但是，这种传承模式也存在很多的弊端。

首先，“子承父业”把企业的接班者局限在了自己的子女身上，很显然缩小了接班人的候选范围。一方面，很多企业会出现子女能力不足的情况。即使企业家把能力欠佳的子女扶上位置，但是，在企业经营过程中，很可能会因为接班人的能力不足而导致企业在决策方面出现失误。这样就很难得到下属的尊敬和信服，久而久之，下属看不到企业的发展前途，就会导致企业人心涣散。

另一方面，子女不愿意接班。企业家的子女从小生活在优越的物质生活环境中，看到自己的父辈为了企业呕心沥血，整天不辞辛苦地为企业拼死拼活，他们不愿意自己也和父母一样整天累死累活的。

如此一来，即使企业家让子女接受赶鸭子上架式的传承，也会因为子女不愿意付出，终归会导致企业坐吃山空。

其次，家族企业是靠企业家带头，家族成员共同努力才得以发展壮大的。权力的传承不仅关系到家族的利益，而且经营权还直接关系到家族成员个人在企业的地位以及所得利益。企业家在任期间，由于企业家在企业和家族中的影响力和公信力，家族内部会相对平静。但是，企业家的子女不一定有着和企业家相同的公信力。企业家把权力传承给自己的子女，家族内部则会考虑自己的利益会不会受到损失。一旦家族内部认为自己的利益受到威胁或者是自己想要得到更多的利益，就必然会出现动荡，家族内部矛盾就会凸显出来。

“创一代”必须懂得放权艺术

放权是衡量企业是否进行传承的重要标志，而如何放权则关乎着企业传承的成败与否。家族企业是“创一代”靠着自己吃苦耐劳的精神、敏锐的市场嗅觉和前瞻的经营决策等，逐渐地发展壮大起来的。在企业的创业阶段，“创一代”几乎付出了自己全部的心血，对企业有着难以割舍的情感，所以，大多数“创一代”视企业为生命。同时，在企业的经营决策中，他们已经养成了掌握权力的习惯。但是，随着市场经济的快速发展以及“创一代”的年龄限制，企业又必须进行传承，只有传承才能使企业得到更进一步创新和发展，而传承就必须进行权力的交接，要想保证传承的成功，“创一代”必须放权。

那么，问题就来了，“创一代”首先得突破自己，告诉自己放权的重要性，进而决定放权。接下来，“创一代”要懂得如何放权。

有一家公司，发展得很好，父亲已经超过了退休的年龄，儿子接班后也非常优秀，在公司有着很高的威望。但是，在儿子进行公司改革的时候，父亲却不同意了，认为儿子是有意逼着他退休。一方面父亲不想放权，另一方面儿子认为自己已经有足够的能力可以掌权，这样，父子两人为了权力争得不可开交。后来，老妈因为站在儿子一边被父亲逐出了董事会，弟弟也因为与父亲有分歧被逐出了公司，家庭关系一度恶化，父子关系宣布破裂。由于父子相争，公司内部矛盾不断激烈，最后，公司走向了破产的道路。

后来，父亲又创立了一家公司，儿子对父亲意见很大也开了一家同样业务的公司。两家公司相互竞争，结果两败俱伤，最终淹没在激烈的市场竞争洪流中。

上述案例就是典型的“创一代”不懂得放权，造成严重的父子分歧，甚至到了父子反目、恶性竞争的地步，最终导致家庭破裂、企业倒闭的结局。

还有一个企业，父亲到了80岁还大权独握，儿子一直作为副手在公司工作，非常努力，在公司也做出了一定的成绩，得到了下属的爱戴。但是，对于公司一些重大的决策，父亲一直没有让儿子插手，只是每天命令式地布置一些任务。儿子渐渐地养成了听从命令行事的习惯，偶尔提出的建议也基本没有被父亲采纳，甚至有一次私下做出的决策遭到了父亲的严厉批评并给予否决，慢慢地对企业的重大决策持漠不关心的态度。后来，父亲去世了，所有的权力集中在儿子的身上，但是儿子却缺乏决策的能力，企业逐渐走向下坡路，最后，企业遭到了收购的命运。

所以，到了企业必须要传承的时候，“创一代”必须克服自己的心理障碍，该放权的时候就要大胆地放权，因为只有放权才能让接班人逐步成长起来。当然，这里说的“大胆放权”并不是让“创一代”盲目地放权，而是要懂得适时放权、适度放权、循序渐进地放权，要掌握放权的艺术。

从企业传承和持续发展的角度来看，放权越早，对企业传承越有利；放权越晚，对企业的传承越不利。主动放权相比被动放权更有效，主动放权可以让“创一代”有时间制定放权机制，阶段性地放权。

首先，“创一代”要做出放权的姿态，并做好宣传工作。“创一代”明确地表示出自己愿意放权是保证权力顺利交接的基础。“创一代”要通过会议、宣传等一系列的手段，告诉员工自己很放心地把权力交给接班人，这样就不会导致因为权力交接而引发内部恐慌。同时，“创一代”明确放权也是对接班人能力的肯定，更是对接班人工作的认可及鼓励。“创一代”要做好权力交接的带头作用。

其次，“创一代”要清晰界定自己的角色。作为企业的创始人，企业的发展离不开“创一代”的辛勤付出。但是，快速发展的现代，企业要想发展壮大必须要注入新鲜的血液以及先进的管理理念。所以，企业一旦进行传承，“创一代”要明确知道自己已经完成了创业阶段的使命，要给接班人腾出位置，轮到他们继续发扬企业发展壮大的使命。当然，不是说要“创一代”完全地放手，不管不问，他们还可以发挥自己的余热，在一些相对重要的位置或者是幕后给予接班人帮助。

最后，放权是一个过程，要循序渐进地进行。接班人在接手企业的初期肯定不如“创一代”对企业了解深刻。最重要的一点，“创一代”

要制定放权计划，并在计划中明确：第一步给接班人下放哪些权力，要求做到什么程度；第二步给接班人下放哪些权力，要求做到什么程度；第三步给接班人下放哪些权力，要求做到说明程度；第四步……逐渐地，从小到大，从分权到集中，最后一步步地让接班人养成用权习惯。这样，“创一代”的放权才算结束，接班人也会在循序渐进的放权过程中，养成敢于接权并能有效地掌握用权尺度。

在企业传承的过程中，“创一代”必须要清楚：自己的决策少一点儿，接班人的决策和执行的机会就多一点儿，空间就大一点儿，也就更有利于接班人的成长。如果“创一代”是一个“独裁都”，决策越多，用于工作的时间就越多，那么，接班人真正掌权的路就会越长。当“创一代”没有时间或者没有精力决策的时候，而接班人还没有足够的能力接班，企业能否持续发展的风险就会增大，接班人的成长之路也就会更加艰难。

家族教育：继承子的选择与培养

很多企业传承失败的案例表明，家族内讧是企业传承失败的最主要原因之一。无论是国外还是国内，家族内讧往往都是因为家中子女之间不顾兄弟之义，为争夺家产而起的纷争。而导致这一切的根源来自于家庭教育的缺失。

纵观那些百年传承的企业，它们之所以能够成功传承，都是因为有着良好的家庭教育，或者有着较好的解决家族矛盾的方法。那么，对于有着多个子女的“创一代”来说，继承子的选择和培养以及非继承子的职业规划等家庭教育关乎到企业的基业长青。

首先，“创一代”要做好家庭教育，告诉子女家和万事兴，要做到兄友弟恭。很多家庭由于教育缺失，导致在企业传承过程中兄弟纷争，最后导致企业分崩离析或者倒闭，这样的案例不在少数。兄弟之间为了些许的利益反目成仇，最后两败俱伤，不仅没有得到自己想要的利益，还有可能导致既得利益的丧失。所以，“创一代”要做好家庭教育，为继承子的选择以及家族关系的和谐稳定打下教育的基础。

发迹于19世纪初的罗斯柴尔德家族，发展至今已成为欧洲乃至世界久负盛名的金融家族。罗斯柴尔德家族非常重视家庭教育问题，他们认为家庭教育是罗斯柴尔德得以实现家族兴旺的根本所在。

罗斯柴尔德家族的缔造者梅耶·罗斯柴尔德就非常重视家庭教育，他经常以一则寓言故事教育自己的五个儿子：一个生命垂危的父亲把自己的五个儿子叫到身旁，要求五个儿子折断捆在一起的五支箭。儿子们使尽所有的力气都没能把捆在一起的五支箭折断。正当儿子们一筹莫展的时候，这位父亲把这捆箭拆开递给儿子们一人一根，让他们把自己手里的箭折断，儿子们轻而易举地就折断了自己手里的那支箭。这时，父亲告诉儿子们，家族的力量来自于团结，五根箭抱成一团很难折断，但是分开了就很容易被折断了。

罗斯柴尔德家族一直用这则寓言故事教育自己的后代，告诉他们“兄弟齐心，其力断金”。梅耶·罗斯柴尔德还把这五支箭作为家族的族徽，以此象征着他对家族团结的期望。

后来，罗斯柴尔德家族在家族的发展过程中，总结出了一套教育子女的家训，以此作为家庭教育的基础。

一训：重视兄弟间和睦与家族间团结；

二训：不追求金钱，追求良好的人际关系；

三训：教育子女拥有正确的金钱观；

四训：信息等于金钱，从小培养孩子信息的重要性；

五训：世代相传收集情报信息的传统；

六训：警惕过于追求物质利益的思想倾向；

七训：坚持“非儿子不参与经营”的原则；

八训：不忘促使五兄弟和解的“五支弓箭”的教训；

九训：世代保持捐赠的慈善传统；

十训：犹太人之间互帮互助，共同发展事业。

其次，“创一代”要做好继承子的培养计划以及非继承子的职业规划。继承子关乎着 “后继有人”的企业传承大计。没有人是天生的企业管理者，都是在不断的磨砺中成长起来的，特别是“富二代”。“富二代”从小生活在优越的物质环境中，遇到挫折的机会很少，如果再没有一套完善的接班人培养计划，任他们自由发展，最终的结果不是能力不足就是锋芒太露，过刚则折。

而非继承子的职业规划则关系到继承子接班后企业内部稳定的问题。非继承子由于各种各样的原因没能被选为继承子，或者是因为能力不足，或者是因为志向不在于此。但是，受中国自古以来的家庭伦理观念的影响，非继承子也是“创一代”的子女，在家庭中和继承子有着相同的地位，他们也应该得到和继承子同等的待遇。也就是说，无论他们的能力如何或者是志向何在，他们都是父母的子女，都拥有平分父母留下的财产的权力。在这样的家庭观念的影响下，如果非继承子没有很好的职业规划，就会心生怨念，甚至为了维护自己的利益和继承子争权夺利。最终的结局有可能是子女之间反目成仇，家庭分崩离析。

李嘉诚在对待继承子的选择和培养以及非继承子的职业规划方面做得堪称是民营企业家的典范。

李嘉诚在做两个儿子“分身家”方案时，决定现有企业将由长子李泽钜接管，同时全力支持小儿子李泽楷进行其有兴趣的投资，前题是长和系未有涉足的业务。

李嘉诚在培养大儿子李泽钜作为自己现有业务接班人的同时，也做好了小儿子李泽楷职业生涯的规划。小儿子李泽楷在 1994 年就已经在李嘉诚的支持下自立门户并取得了很优秀的成绩。

李嘉诚曾在接受采访时表示：“两个儿子的事业会向不同的方向发展，在事业和财产方面都不会有冲突。”他很有底气地告诉记者：“两兄弟一定有兄弟做。”

两个儿子对父亲的安排也都很开心。李泽钜说：“爸爸的安排，我们永远都 OK。”小儿子李泽楷对父亲的安排也表示非常满意。

传承路上，父子分歧如何妥善处理

出生年代、所受教育以及接触新事物的不同等种种因素，必然会导致两代人对待事情的观念不同。在传承的路上，这些隔阂必然会导致父子分歧的发生。

“创业难，守业更难。”这是大多数的企业家以及企业家子女在谈及传承问题时的一致看法。在企业的传承过程中，父子的分歧问题是“创一代”最头疼也是最无奈的。“创一代”付出毕生心血和情感所打造的事业与子女真正的兴趣、追求存在的冲突，是追求自己的梦想还是担当父辈交付的重任，这些都是传承路上，父子最大的分歧所在。

在传承的路上，父子分歧主要集中在两个方面，子女能力不足难以担起企业重任和子女不愿意担起企业重任。

对于那些子女能力不足以挑起重担的“创一代”，他们只能把企业托付给职业经理人或者是卖掉企业。这种选择相对简单一些，子女没能力，“创一代”就不能学刘备把江山传给扶不起的阿斗最后导致江山易主。所以，对于这种情况，“创一代”应该把经营权和所有权分开，给予自己的子女所有权，让子女享受资本所得就行了，把经营权交给职业经理人或者专业的团队。只有这样处理才是一个企业保持基业长青的完美策略。

相较于子女能力不足，子女意愿不在于此更加让“创一代”感到无奈。有调查显示，在民营企业中，“大多数的家族创始人希望子女接班，而大多数的子女却不愿意接班”，是强行或者无奈地给子女压上企业的重担，还是让他们自由选择人生的道路，成为摆在“创一代”面前的难题。针对这种情况，“创一代”要想妥善处理，就得从分析子女不愿意接班的原因开始。

子女不愿意接班的原因无外乎有以下几种。有的是对父母的事无巨细、严厉以及自以为是的不满；有的是对新兴产业比较感兴趣，认为传统产业比较累；有的是从小生活在优越的物质环境中，养尊处优惯了，不喜欢被约束；还有的是爱好不在于此，希望有自己的追求和梦想。

分析出这些不愿意接班的原因，“创一代”就需要针对自己子女的情况进行处理。首先，沟通是解决分歧最重要的方法。“创一代”需要通过沟通了解子女的真实想法，并站在子女的角度看待问题，进而引导他们做出选择。

最终，如果父子意见相同，子女选择接班，那么接下来就是如何培养的问题了。如果父子出现分歧，子女选择不接班，那么，“创一代”有两种选择，强行施压或者尊重子女的意愿。

有一种选择，叫“强扭的瓜未必不甜”，但得注意方式方法。有很多的企业接班人，开始并没有想要继承父辈的产业，但是迫于家族的压力，最终被迫走马上任。最后，他们也把父辈的企业经营得有声有色，甚至超过父辈执掌时的辉煌。

我认识一个朋友，现在是一个知名民营企业的董事长。当年他也是子承父业，属于无奈之下接手父亲的企业。现在，在他的经营下，企业规模比刚接手时足足扩大了四倍有余。在我和他谈到现在的很多的企业家子女不愿意接班的问题时，他告诉我，有些事被父母强迫着干了未必就不是好事。

他说，他从小的志愿是当一名医生，当年他考大学的时候迫于父亲的压力最终选择了经济类专业。后来，大学毕业后他的准备是考研究生，但是，由于父亲的年龄比较大了，企业又有那么多人等着吃饭，在父亲的威逼利诱下，他最终放弃了考研的打算。

他的父亲当时是这么跟他说的：“不管你是怎么想的，企业你是必须得接手的，那么多人等着你吃饭呢。当初我创办这个企业的时候也没能想到能发展到如今的地步，只是想能有一个事儿可做，能让家里的人过上好日子。后来，企业慢慢做大了，员工也越来越多，他们都张着嘴等着靠我吃饭，这就成为了我的另一个追求，就是既然我把他们招进了企业，我就得让他们的生活有保障。现在，我年龄大了，老感觉到心有余而力不足，干不了两年了。你不能眼睁睁地看着企业倒下去，更不能眼睁睁地看着跟着我这么多年的员工没有饭吃。如果等你上完研究生回来再接手企业，那时估计我也帮不上什么忙了。所以，你的研究生就不要上了，跟着我尽快融入到企业里，多学一些学校学不到的东西。”

最后，我这个朋友被父亲的责任感所感动，顺从了自己的父亲，担起了父辈压在自己肩膀上的担子。

另外一种选择，就是尊重子女的意愿，天高任鸟飞。如果子女实在志不在此，把企业强交给他们打理，那就不是对他们的爱护，而是给予他们的一种负担，同时对企业的发展也没有任何好处。华谊兄弟董事长王中军、均瑶集团董事长王均金、美邦服饰董事长周成建等，在看待接班问题时都曾发表过类似的观点，即不强求下一代接手企业的经营权，尊重子女的选择。

最后，一旦发生父子分歧，就需要父子站在对方的角度多为对方考虑。长辈对待下一辈，要晓之以情、动之以理，子女对待长辈也要以孝为先。

帝位传承后，不要急于撒手

大多数的“创一代”认为把权力传给自己的子女，自己的任务就大功告成了，从此以后就可以过上享清福的退休生活了。事实却往往与愿望存在差距，一些“创一代”重出江湖的案例显示，很多权力传承后，子女由于能力或者经验不足导致企业出现大的问题，最后，父母又不得不“出山”重新执掌公司，收拾子女留下的烂摊子。

我认识一个企业家，今年都70岁了又重出江湖，接手已经交给儿子3年的企业。

当时，我问他为什么又重出江湖？

他说，公司内部出现了问题，儿子无法把控公司，他只能“出山”，为儿子收拾烂摊子。

我问，贵公子刚接班的时候不是挺好的，雄心壮志的。怎么会出现这么严重的情况？

他告诉我，他当初把公司交给儿子的时候，认为既然交权了就应该让儿子独立地管理公司，如果他还搀和公司的管理，怕儿子干得不舒心，对儿子的成长不好。所以，他交权以后就没有再过问公司的事情。但是由于儿子经验不足，对人事方面管理不到位，公司管理层争权夺利、拉帮结派比较严重，最后导致公司不仅腐败问题严重，产品也出现了问题。儿子搞得手忙脚乱也没能处理好，股东们怨声载道，自己迫不得已才“重出江湖”。

像上面的案例，在“创一代”还可以“出山”的情况下，一旦子女在经营的过程中出现不能解决的问题时，企业还有退路。但是，如果在“创一代”离世或者没有能力再重新执掌企业时，子女们在经营中出现大的问题而不能解决，那么，企业将何去何从？

所以，“创一代”在把企业传承给子女之后，不能急于撒手不管。而应该在子女经营管理的初期给予一定的帮助，让企业在传承之后平稳、健康地走一阶段之后，再大胆放手。

方太集团前董事长茅理翔的“带三年、帮三年、看三年”就是一个经典的成功案例。

第一个三年，是带三年。这个阶段，父母将企业中一个部门的管理权交给子女，让子女选择一个点，沉下去，好好干，干出成绩。子女开始选择的一个点可以是自己比较感兴趣的工作。如果子女喜欢与人打交道，父母就把销售、人力资源或者公关的管理权下放给子女，等子女干出成绩后再进行别的部门的管理权的下放。根据子女的意愿和特长，茅理翔首先给子女下放的是产品的开发权，让子女逐渐熟悉企业的运作过程，并允许他们介入自己感兴趣的领域。

然后，以点带面，当子女在某一个点上做出了成绩，就可以向其他相关部门延伸。这样是为了给子女以后掌握全局、驾驭全局奠定一个坚实的基础，也是为子女继承更大管理权做好铺垫。

蹲点的过程，是分析子女的创新能力，与团队的亲和力，以及建立制度，选好班子和带好团队的能力。

第二个三年，是帮三年。这个阶段，在子女基本完成了第一阶段的基础上，父母继续让子女选择一个或者几个点沉下去。当然，这个阶段肯定不能和第一个阶段一样以了解公司的运作过程为主，父母要帮助子女逐渐对企业的管理进行改革，尝试着让自己选择的点向现代化管理、组建优秀团队、建立先进制度的方向走，并且改革要与子女自己的管理理念相契合。

这个三年，父母的主要任务是帮助子女成功地进行管理制度的改革，适当地下放更多的权力，为子女第三阶段的驾驭全局打好基础。同时，对企业的一些元老安置等工作，也是父母在这个三年必须要帮助子女的。

第三个三年，是看三年。这个阶段就是把企业的管理权下放给子女，让子女进行独立运作，并在背后适时地掌握情况并给予支持。

看三年是最重要的三年，是企业传承是否成功的重要衡量标准。这个阶段，虽然父母尽量不要参与企业的管理，但是，要时刻关注子女的表现。看三年中的看，是指看子女驾驭全局的能力、看子女处理危机的能力、看子女业绩情况以及员工对子女的满意度等。

这个阶段才是真正能体现出子女管理水平的阶段，也是让父母放心把企业交给子女的重要考验。在这个阶段，父母要勇于给子女学习的机会，甚至犯错误的机会。在子女根据自己的思路做一个不是最好或者错误的决定时，父母只要掌握好大的方向不要犯错就好，可以让子女瞎折腾一下，只有在错误中，子女才能更快地成长起来，古人说的“失败是成功之母”就是这个道理。

茅理翔的“三三制理论”奠定了方太集团传承的成功。所以说，在企业传承的过程中，传承者不要急于撒手不管，权力的下放需循序渐进，同时，在放权的过程中要起到引导的作用，“扶上马，再送一程”。

03　共和民主：股份制变革的喜与悲

无论是家族式企业，还是国营企业，要想进入现代资本市场，进行股份制改造是必经之路。对于严苛的现代资本市场来说，企业要符合融资要求就必须进行规范化、系统化的内部变革与治理。但是，对于复杂的家族企业来说，要想顺利地完成股份制变革，并不是那么容易的事。

股权决定一切

在中国，家族企业数以万计，然而，能把家族企业传承百年的却少之又少。大部分家族企业在创业阶段往往发展得很好，虽然没有严谨、科学的管理制度和方法，但却能凭借着家族团队的力量，在市场竞争中占据一席之地。而随着家族企业的不断壮大，其自身的弱点也逐渐暴露出来，如历史产权不清、家族粗放式管理等问题使企业内部矛盾重重，甚至因为利益分配问题而发生分裂，从而使原来兴旺的家族企业由盛而衰。

据国外研究资料表明，家族企业的寿命一般为 23 年左右，其中，仅有 39% 的企业能够延续到第二代，仅有 15% 的企业能够延续到第三代。家族企业要想获得永续发展，最彻底的办法还是脱去“家族化”的旧衣，迅速走进现代化的管理体制中。一家企业想要获得短期发展，老板能干就行，但对于达到一定规模的企业，要想成就百年企业，就要靠制度了。

此外，对于任何一家企业的发展来说，都离不开资金的投入，而且企业规模越大，需要投入的资金额也会越大。在家族企业发展到一定规模之后，要想继续快速发展，就必须不断增加资本的投入。但是，在当前资本市场的要求越来越严苛的情况下，家族企业的融资渠道非常有限。一旦银根紧缩，家族企业很容易被银行“扼住脖子”。因此，家族企业通过股份制改造、建立和完善现代企业制度，

进而进军资本市场实现上市，无疑是其实现永续发展的新方向。

王石说："龙湖是一个可怕的企业。"获得王石如此盛赞的"龙湖地产"，在国内地产界获得了极高的评价，主要就在于其企业管理模式、企业文化以及开发模式等方面。从最初，"龙湖地产"的创始人吴亚军和她前夫蔡奎共同持有"龙湖地产"71.97%的股份来看，"龙湖地产"无疑是一家典型的家族企业。

2006年，"龙湖地产"进入北京，销售业绩已经突破了30亿。总部为规范化管理，进行了第一轮集团框架调整，将集团分为六大部门：战略部，运营部，集团投资拓展部，人力资源及行政部，公共事业部和财务部。六大部门虽各司其职，但决策效率不高。

2007年，"龙湖地产"销售业绩突破百亿。同年，"龙湖地产"进入上海、西安等城市。与此同时，"龙湖地产"开始筹备上市。为了实现迅速扩张，"龙湖地产"进行了第二轮集团框架调整，将原来的"运营部"和"集团投资拓展部"合并为"运营投资部"，减少沟通时间，提高效率，助推"龙湖地产"快速发展。

2008年，"龙湖地产"筹备赴香港上市，创始人吴亚军的丈夫蔡奎退出管理层，集团总部对部门进行再次重组，强化人才和品牌战略，引进大批外部精英，逐步打造职业化和标准化的管理团队。经过多次调整，最终形成龙湖集团高效运作的四大部门：投资及运营发展部、人力资源部、客户及公司品牌部、财务部，助推公司上市。

基于三次集团框架调整，龙湖逐步实现"去家族化"，最终于2009年11月19日成功上市。吴亚军曾公开表示："我希望龙湖真正成为一个机构化的公司，摆脱创业期的特征，创建深度机构化。"因此，龙湖在上市之后，“去家族化”的步伐也并没有停止，2011 年 8 月，创始人吴亚军宣布卸任 CEO，原常务副总裁邵明晓接任 CEO 一职。2013 年上半年，龙湖又从集团内部高管团队中增补 4 名执行董事，使集团执行董事团队增至 7 人，同时又增补了一名独立非执行董事。

据最新数据显示，截至 2015 年 12 月末，龙湖集团累计实现合同销售金额为 545.4 亿元人民币。2015 年，龙湖地产品牌价值测评为 188 亿元，名列中国房地产企业第 7 位。从 1993—2016 年，虽然我们无法确定龙湖在未来是否会发展成为百年企业，但其在家族企业平均寿命为 23 年的节点上，显然还走在快速发展的路上。

重庆大学管理学者曾国平教授在谈到龙湖的成功经验时曾表示，“当公司发展到一定的规模，就必须通过现代管理机制，用标准化的程序，让一批职业经理人来为之奋斗，并逐步削弱创始人对公司的影响力。只有这样，公司才能进一步壮大。”而这一切的背后，更多的功劳要归属于股份制改造。对于职业经理人来说，如果没有股权激励，同样难以全心全意地为企业奋斗。

在现代公司治理的大环境下，股权代表着所有权和控制权。一方面，股权的合理分配使员工参与利益分配，能够有效激发员工的工作激情；另一方面，在股份制企业中，谁控制了股权，谁就控制了企业。对于家族企业来说，在股份制改造的路上，首先要考虑的问题一定是：股权治理。如果出现股权不清晰、不稳定，企业经营管理必然无法稳定，进而严重影响企业的发展。我们同样以龙湖为例，2012 年，创始人吴亚军和其丈夫蔡奎离婚，两人此前合计持有的龙湖地产 75.6% 股权被一分为二，蔡奎持有 30.2%，吴亚军持股量为 43.18%。这件事曾经引发“令龙湖巨额债务违约风险增加”的广泛担忧。如果不是早在2008年，龙湖上市前，吴亚军与蔡奎就通过汇丰国际信托，各自设立了一个家族信托，将上市公司股权这一部分财产分割清楚，恐怕我们真的无法判断，吴亚军婚变后，龙湖是否还能实现今日的快速发展。

因此，股份制改造虽然对于企业的长久发展有着非常积极、重要的作用，但若股权治理问题处理不当，同样会给企业带来致命的危机。对于想要通过共和民主实现永续发展的家族来说，股权治理和传承的问题才是首要问题。

如何确保家族控股

随着家族企业的股份制改造，以及引入外部资金，创始人家族往往不再拥有企业的全部产权。而企业管理也开始采用现代管理制度，实现了管理职能化。家族企业由此从封闭走向了开放，实现了所有权、实际控制权的转型。因此，对于大部分进行股份制改造后的家族企业来说，确保家族控股是非常重要的一课。

虽然我们不否认股权开放对于企业发展的积极意义，但对于依靠“家族”力量完成原始积累和发展的家族企业来说，家族在企业发展中的作用同样不容小觑。股份制改造是为了促进家族企业的永续发展，但如果因此使创始人家族失去了对企业的绝对控制，显然会极大地削弱创始人家族团队的积极性，这绝不是有利于企业稳定发展的好事。

在资本市场，纵观国内外，绝大部分家族企业中的创始人家族通常不仅仅是上市公司的实际控制人，而且通常占有绝对控股地位。在2016年胡润全球富豪榜前100名中：位居第21位的王健林家族，位居第36位的马云家族，位居第41位的宗庆后家族，位居第62位的劳伦娜·鲍威尔·乔布斯家族，位居第69位的李彦宏、马东敏夫妇等均是我们熟知的以家族控股形式确保创始人家族在上市企业中的利益。

美国学者卡恩通过对“亚洲四小龙”发展的研究发现，中国传统的儒家家族思想与东亚地区家族企业的迅速发展有着密切的关系。但是，在家族企业上市，利益诱惑越来越大的情况下，传统的儒家家族主义在对家族成员的道德约束上，将很难确保家族成员对企业的忠诚度。《国富论》的作者亚当·斯密曾经说过：“要想仅仅依赖他人的恩惠，那是一定不行的。他如果能够刺激他们的利己心，使有利于他，并告诉他们，给他做事是对他们自己有利的，他要达到目的就容易得多了。”家族控股，首先要确保整个家族的利益，然后确保每个家族成员的利益，无疑是对创始人家族的最大激励。

对于尚处在成长期的家族企业来说，家族控股一方面可以减少个人独裁带来的决策失误风险。同时，家族成员之间的血缘关系造就了利益共享、风险共担的切身利益关系，使家族成员之间有高度的认同感和一体感，继而对家族利益产生一种道德责任，更加愿意团结在一起，形成家族同心力，从而能够确保在企业遭遇重大危机或者重大变故时，家族成员之间会尽可能地减少决策中不同利益者的矛盾和摩擦，以家族利益为首要考虑因素，拧成一股绳为企业的发展不惜自我牺牲，从而使企业具有快速应变能力。这是非家族控股的企业难以实现的。

在欧美地区，有许多传承百年，甚至几百年的知名品牌背后都是根深蒂固的家族企业，而这些企业的实际所有权、控制权都掌握在某一家族手中。美国学者克林·盖尔西克认为，“即使最保守的估计也认为家庭所有或经营的企业在全世界企业中占 65% 到 80% 之间。全世界 500 强企业中有 40% 由家庭所有或经营”。

创办于 1668 年的德国默克集团（Merck KGaA），是世界上历史最悠久的家族性医药化工企业，至今拥有 350 多年的历史。在默克中国的官网上提到“默克集团总资本约 70% 仍然由默克家族通过 E. Merck OHG 公司所持有，其余 30% 由自由股东持有”。

创办于 1903 年的福特汽车公司，是世界上最大的汽车企业之一，至今拥有近 120 年的历史。最初，福特汽车是由亨利·福特和马尔科姆森合伙创办的企业。当时，亨利和马尔科姆森共持有福特 51% 的股份，亨利占 25.5%。随着福特汽车的不断发展壮大，亨利·福特越来越意识到，“一定不能将自己置于别人的命令之下，命运要掌握在自己手中”。于是，1906 年，亨利·福特通过收购其他股东的股份，将自己在福特汽车的持股比例提升到 58.5%，从而使福特家族绝对控股了福特汽车公司。1918 年，亨利·福特辞去福特汽车公司总裁一职，由其儿子爱德塞·福特接任。1919 年，亨利·福特指挥其儿子爱德塞·福特以 1 亿多美元收购了福特汽车公司剩余的股权。自此，福特汽车由福特家族 100% 控股。由此一直延续了 37 年。直到 1956 年，福特汽车公司在纽约上市，经过 6 次股权稀释，福特家族在福特汽车公司的占股仅为 8% 左右。但是，在亨利·福特创设的双层股权体系下，福特家族凭借 8% 的股份拥有着对福特汽车公司决策 49% 的表决权。

亨利·福特将福特汽车公司的股票拆分成无投票权的普通股和拥有完全投票权的B类股，而且B类股只有福特家族成员才可以持有。同时，亨利·福特规定："只要福特家族持有的B类股股数大于6070万股，该家族在公司的投票权就是40%，其余股东不管持有多少股份，只能拥有60%的投票权。"因此，到2011年，虽然福特家族只拥有不到2%的福特汽车股份，但依然享有40%的投票权。

从默克家族和福特家族的百年传承来看，家族控股对于家族企业的稳定发展以及确保家族利益有着非常重要的作用。一般来说，在家族企业发展初期，往往都采用家族100%控股企业的形式。

但是，随着企业的发展，创始人家族需要通过开放股权的形式，来吸引人才、留住人才或者实现强强联合，甚至上市。这个时候，大多数家族企业仍然坚持家族保持51%以上的绝对控股，来确保家族对企业的所有权和控制权。据第一财经日报《财商》统计，2013年A股百富榜52个家族中有9个家族持有上市公司股份超过70%。

随着家族企业的规模越来越大，股权开放的程度会越来越高，而家族控股的比例会越来越小。如福特家族虽然一度37年保持对福特汽车公司100%控股，但当福特汽车的规模达到一定程度时，福特家族的控股比例却被缩小到8%左右。这个时候，要想确保家族对企业的绝对控制，采用亨利·福特创设的双层股权体系不失为一个好办法。当然，在中国特殊的社会环境背景之下，为了有效降低家族企业被暗中并购的风险，家族控股比例最好不要低于35%。

家族通过控股可以确保对家族企业的绝对控制权，并且只要企业持续发展，家族便可以随之发展。由此使家族成员持久地专注于企业的发展，保持对企业付出的热情，进而实现家族企业的顺利传承与发展。

家族成员股权必须明确

在家族企业进行股份制变革的路上，虽然大部分企业对于家族控股的认识非常到位，但对于家族内部的股权结构问题却讳莫如深。事实上，在已经实现家族控股的家族企业传承中，家族股权如何交接是关乎家族企业生死存亡的大事。

一般来说，家族企业的第一代掌门人作为家族的大家长、企业的实际控制人，往往有足够的能力和影响力来确保家族内部的和谐。但是，如果不能提早进行股权分配，明确家族各个成员的股权份额，一旦第一代掌门人去世，股权的传承与交接必然会出现问题。家族内部合理的股权结构能够实现对家族成员的激励、整合家族各成员的意见、化解家族内部矛盾、平衡家族企业的成长和控制，从而实现家族股权的有效传承。

2015年11月11日，香港终审法院颁令香港镛记酒家母公司清盘。由此，历经5年之久的香港镛记酒家第二代掌门人、创始人甘穗辉的长子和次子的股权之争，以长子甘健成胜诉结束，而甘健成本人也在这场漫长的"兄弟之争"中去世。

有"名人饭堂"之称的香港镛记酒家，历经70多年的发展，曾吸引曾荫权、李嘉诚、周润发等香港知名人士光顾。然而，香港镛记酒家的创始人甘穗辉去世5年后，两个儿子就发生了家庭内斗，使祖产遭受重创。

甘穗辉有三子一女，香港镛记酒家的业务主要由他最大的两个儿子帮忙打理，长子甘健成主内，次子甘琨礼主外，一直配合得非常默契，而且都勤勤恳恳。因此，甘穗辉去世前，在进行遗产分配时，最大的两个儿子分别分得35%的股权，对家族事业没有付出太多心血的小儿子分得20%的股权，女儿分得10%的股权。甘穗辉如此分配，就是希望他去世后，最大的两个儿子仍旧像他在世时那样通力合作，家族事业因此能够得到永续发展。

然而，由于甘老先生在临去世时，才对股权进行分配，没有早一点儿明确子女的股权，同时，对于直接参与镛记酒家经营事务的大儿子和二儿子给予了同样的股权。在甘老先生去世后，他大儿子和二儿子因为经营理念不同，产生了分歧。最终，两人分别取得了其他两弟妹的股权，形成了大儿子拥有公司45%的股权，二儿子拥有公司55%的股权的对峙局面。

甘穗辉的二儿子甘琨礼成为公司大股东后，开始按照自己的意愿经营公司。其兄长甘健成因此感到处处受排挤，曾主动提出让二弟购买他手上45%的公司股权，但因为香港镛记酒家还未上市，没有公开的股权价格。最终，双方因股权价格谈不拢闹上了法庭。

在这场“家庭内斗”的官司中，甘健成早在2012年就已去世，甘琨礼败诉，要支付巨额诉讼费。而甘家的产业香港镛记酒家的母公司清盘后，品牌声誉受到重创，仅存的几家子公司又能支撑多久?

鹬蚌相争，渔人得利。甘家二子相争，反倒让打官司的双方律师，担任清盘管理人的会计师们狠赚了一笔。

对于香港镛记酒家的官司，很多人都将矛头指向甘家的大儿子和二儿子，为了个人利益和权力，或者只为争一时意气，不顾父亲留下的基业。事实上，我们从根本上来看，引发这场争斗的根源在于甘穗辉自己没有及早明确各子女股权，才造成了兄弟对簿公堂、家庭内斗的局面。或许甘穗辉早做打算，引导同样能干的大儿子和二儿子分开经营，每个人都有自己的事业，又都是家族产业中的一部分，可能会有效防止因为经营理念不同而产生的兄弟纷争。

有些家族企业的创始人，在面对"股权明确"这样的问题时，往往表现得非常艰难：都是一家人，谈钱太伤感情，更何况是谈分钱。但是，若不能及早明确股权，必然为日后的基业传承埋下定时炸弹。

如果是一个人独自创办的产业，像香港镛记酒家那样，面临的可能只是子女之间的股权分配问题。这种情况，最好是创始人在自己掌权的时候，就凭借自己在家人和员工中的威望，明确拍板各家族成员的股权份额。对于多人合伙创业的家族企业来说，最好是在创业初始阶段就明确每人的股权分配，否则，一旦企业发展壮大，很容易引发权力相争。尤其是等到创始人团队成员退休或去世后，其位置由子女或其他家人接任，新老两代人之间的利益分配和权力交接，就变得更加困难。

所以，对于家族企业来说，关系越复杂，产生股权纷争的可能性就越大，处理起来也越麻烦，企业因此受到的伤害也越大。如果真正想基业长青，就绝对不能视"股权分配"为洪水猛兽，而是要尽早考虑，尽快明确。尤其是在企业进行股份制变革的过程中，家族成员的股权分配更是一件大事，如果能够借助这个机会制订出明确的股权分配方案，不但能够使企业传承顺利进行，还能够为企业的未来发展奠定良好、健康的基础。

实际控制人的界定与控股

股权表面上看是持股人对企业的一种权利，实际上，持股人对企业拥有多种权利。一般来说，一家企业的持股人，对企业拥有三种权利：决策权、收益权和转让权。首先，持股人作为企业的股东，拥有投票权，可以影响企业的一些决策。其次，持股人可以凭借所持股权的大小从企业的利润中获得分红。最后，持股人在适当的时候，也可以对手中所持有的股权进行买卖。由此可见，股权分配不仅影响到企业的利益分配，更影响到企业的发展大计。

在前文所提到的香港镛记酒家的案例中，创始人甘穗辉的二儿子，就是通过购买三弟手中20%的股权，将自己的股权增长到55%，成为大股东，来掌控公司决策权的。我们假设，香港镛记酒家没有经历这场官司，甘穗辉的大儿子和二儿子同心协力，将父亲传下来的家族基业发扬光大。但是，甘穗辉的大儿子有三个儿子，甘穗辉的二儿子有两个儿子，然后他们又像父亲一样，将自己手中的股权进行平均分配，分别留给了自己的儿子。最后的局面是什么？甘键成的三个儿子，每个人分得11.6%的股权；甘琨礼的两个儿子，每个人分得17.5%的股权。香港镛记酒家到第三代，同样没有一个明确的接班人，或者说掌门人。那么，这五个孙子辈的兄弟之间，还能够像第二代掌门人之间那样和睦吗？显然不可能。如此一来，必然会引发企业的经营决策危机，家族基业也将难以为继。这就是股权分配设计不当，企业没有实际控制人为企业发展带来的障碍。

对于家族企业的发展来说，既需要家族成员的全体力量，又需要有一个实际控制人来掌舵，为家族基业长青把控好方向。而对于家族企业的股权设计来说，一般是为了控制、激励和制衡。如果家族企业的股权集中在某一个人或者极少数家族成员手中，虽然对企业控制有利，但将会使其他家族成员产生不公平感，无法起到激励和制衡作用。而如果股权过于分散，虽然能够平衡家族成员间的利益，却会影响企业接班人对企业的实际控制。

那么，如何在家族人口不断增多的情况下，通过股权设计实现家族对企业的绝对控制？答案就是：保证企业接班人的控股地位。

如果企业接班人手中只掌握企业极小部分的股权，就算他的能力再强，他在董事会的实际权力也会大打折扣，必然难以实现对企业的实际控制。即使他掌握的股权和其他股东相比稍高一点儿，他同样要面临决策权的难题。他要花费大量精力在处理家族内部的意见分歧和利益冲突上，从而大大影响他对企业的经营管理。这对企业的发展来说，显然是极为不利的。

创办于 1901 年的“杨协成”控股公司，在 1994 年因接班人失去对企业的实际控制，家族成员内部分歧严重而瓦解。历经 94 年的发展，在即将步入百年基业的时候，分崩离析。

“杨协成”创始人杨仁溜有 8 个子女，5 男 3 女。1935 年，杨仁溜将其经营的酱油厂交给长子杨天恩管理，次子杨天成辅助经营。之后，杨家兄弟同心协力，将杨协成酱油厂发展为杨协成罐头酱油厂有限公司。1956 年，杨天恩把杨协成酱厂的资产分成 7 份，5 个兄弟和 2 个孙子各分得 1 份。1975 年，“杨协成”在马来西亚股票交易所上市。1985 年，杨天恩去世，其子杨至耀成为“杨协成”接班人。

但是，杨至耀在公司的资历尚浅，而公司管理层多为其叔叔辈的家族成员。最重要的是，杨至耀拥有的公司股权和其他家族成员相比并没有太大优势。这为“杨协成”第三代接班人杨至耀在对公司的决策和执行上带来了极大的阻力，“杨协成”的发展也由此放缓。甚至在1993年以后，“杨协成”开始采用多数表决形式进行集体决策，但是，由于家族成员越来越多，公司决策也变得越来越困难。1994年。永泰控股有限公司提出收购“杨协成”，而家族成员为了个人利益得失，各执己见，最终使杨氏家族关系彻底破裂。1994年5月，“杨协成”第三代接班人杨至耀向法庭申请解散杨协成控股公司。

从“杨协成”的案例中，我们可以发现，接班人如果失去对企业的实际控制权，必然会使企业陷入矛盾重重之中，最终只会使家族几代人的努力付诸东流。所以，对于有两个或两个以上子女的家族企业，不仅要提前确定接班人，还要对接班人的股权进行提前安排。既不能亏待了其他子女，也不能让接班人失去控制企业的优势。

一般来说，要解决接班人控股的问题，可以采用两个方法：

一是分股权，并做好家族股权回购设计。企业现任掌门人，在对下一代的股权进行合理分配之后，可以让那些对经营家族事业没有兴趣的子女将手中的股权优先卖给接班人，从而增强接班人的实际控制力。

二是分家业，但各家族成员之间交叉持股。如果企业下一代继任者都对家族事业有浓厚的兴趣，并且能力极强，那么将家族事业分成几个板块，让继任者们去拥有、控制不同的板块。各个板块的实际控制人不仅对自己所管理的那一块拥有绝对的控制权，同时又拥有少量其他板块的股权。这样，各个板块之间互不干涉，又相互牵制。

看似分散，又合而为一。

尤其是对于家族企业已经发展到第三代接班人的阶段，确保接班人控股、保持绝对的话语权是非常重要的。即使随着家族企业的发展壮大，需要开放股权，也一定要确保家族对于企业是相对控股，而接班人在家族中占绝对的大股，这是家族企业稳定、长久发展的有效保证。

Chapter 3

管理再造：

持续赚钱才能基业长青

家族式管理帮助家族企业完成了初期的原始资本积累，同时也使家族企业顺利度过了艰难的创业期。但是，随着企业的不断发展壮大，唯有对管理模式进行升级再造，才能激发出家族企业持续赚钱的动力。

案例解读：方太集团传承之路的管理变革

方太集团的“创一代”茅理翔认为：成功传承的过程就是成功转型的过程。他将方太集团传承之路分为三个阶段：带三年，完成产业转型与产品转型；帮三年，完成营销转型与品牌转型；看三年，完成管理转型和文化转型。而在方太集团的接班人茅忠群看来，“产品创新并不难”，“持续的产品创新必须以管理创新为前提”。因此，在方太集团的传承之路上，茅忠群非常重视对方太集团进行管理转型与再造。

茅理翔说，“忠群搞管理变革决心很大，进行了一系列有利于企业发展的探索和尝试。”而在茅忠群自己的总结中，方太集团的管理转型之路主要有以下几个方面：

首先，在战略上，坚持走高端路线，要做专、做精、做强，走差异化战略之路。在这条路上，方太顶住了“中低端”销量大、利润高的诱惑，坚持自己的特色。

其次，变革管理体系，淡化家族概念。茅理翔虽然是方太集团的董事长，却不再监管具体的事项。茅忠群的母亲，原本在方太集团担任副董事长，负责管理生产、财务、采购等具体事务，在员工中也很有威信。但是，为了淡化家族概念，茅忠群的母亲从核心经营层中淡化，改为监事长。同时，茅忠群引进了更加系统、全面的管理工具，建立“卓越绩效模式”，提升方太集团的整体经营管理水平，创造了方太特色和风格的经营管理体系。在具体的管理工作中，方太集团将管理的重点放在质量管理上，还参照中国质量奖评价标准制定管理目标、建立了方太的自评机制。在这套先进的质量管理体系之下，方太于2011年获得了中国质量奖领域的最高奖项——全国质量奖。

最后，引进高端职业经理人才，包括曾为宝洁、三星、可口可乐、联想、华为等世界500强企业服务过的高端人才。借助这些高端职业经理人才带来的先进管理理念、思想、方法和工具，方太的管理水平也随之提高。随着这些高端职业经理人的加入，方太管理层遇到了一个非常重要的问题——沟通问题。因为这些人才都来源于不同的国家，不同的企业，每个人在管理理念、习惯、制度和语言上都有自己的一套，所以在相互合作的过程中，难免会出现沟通障碍。也因此，在经过反复沟通、讨论之后，方太形成了独有的“方太管理二十条”。这也是方太集团在管理变革中取得的重要成果。

茅理翔曾在公开发表的文章《方太集团传承转型之路》中提到：“这期间（方太集团管理变革期间），方太完成了从家长制管理向制度化管理的转变、从家族人管理向经理人管理的转变、从个人管理向团队管理的转变，创造了方太特色的现代家族制管理模式，完成了从传统家族制向现代家族制的转型。”

01 梳理盈利结构：确定盈利点以及盈利模式

企业的盈利结构，简单地说，就是企业通过什么赚钱？通过对企业盈利结构的梳理分析，得出企业总利润中各种利润所占的比例，找到最大利润点，同时对企业的盈利模式进行适当调整，是确保家族企业获得永续利润的关键。

盈利模式梳理3个关键问题

利润是一个企业的命根，只有确保利润持续增长，企业才能永续发展。盈利模式是企业在市场竞争中逐渐形成的企业所特有的决定企业利润的商业结构及其相对应的业务结构。简单地说，盈利模式就是企业通过怎样的渠道来赚钱。任何一家企业都有自己的商业结构及其相应的业务结构，但并不是所有的企业都能够盈利，所以并不是所有的企业都有盈利模式。

盈利模式分为自发和自觉两种。自发的盈利模式指的是企业自身能够盈利，但对如何盈利，未来能否持续盈利缺乏清晰的认识。一般来说，小的民营企业在创业初期往往都是自发盈利模式。自觉盈利模式指的是企业通过对盈利渠道的研究与总结，对企业的盈利模式进行自觉的调整和设计，使企业的盈利渠道更加清晰、稳定、灵活，从而实现持续盈利。当企业发展到一定阶段，为了应对更加激烈的市场竞争，企业必须自觉地对盈利模式进行研究和调整，找到最适合企业发展、别人又“难以模仿”的盈利模式。

对于一家企业来说，赚钱的渠道可以有很多种，但只有具有自身独特性且能够顺应市场环境灵活应对的盈利模式，才能够确保企业持续赚钱。因此，在企业传承过程中，梳理盈利模式，明确企业盈利点，是继任者在进行管理再造时，首先要做的工作。如果没有一套科学的、独特的、合适的盈利模式，把企业做强做大就是空谈。所以在企业传承过程中，必须把“盈利模式”上升到企业战略的高度。

在对企业的盈利模式进行梳理时，需重要关注三个问题：

（1）企业处在什么位置？

这是一个不谈盈利模式都不好意思说自己是某企业当家人的时代。尤其是对于一些刚刚继承企业的年轻接班人，更是无时无刻不将“盈利模式”挂在嘴边，以为只要有好的创意就一定能为企业带来利润。更有甚者，在“盈利模式”的路上，将模仿进行到底。看到哪家企业、哪个品牌有了好的模式，就直接拿来，结果不但没能靠别人的模式赚到钱，反而将自己原来的盈利点也搞丢了。

俗话说，合适的才是最好的。对于企业而言，只有真正适合当下企业情况、适应当下市场环境的模式，才是真正适合自己的发展之路。盈利模式的生命，就在于它必须符合当前环境的变化和企业的发展要求。否则，再漂亮、完美的盈利模式在实际运用中都会出问题。如果连企业处在什么位置都不清楚，凭空想出一些新点子，或者盲目跟风、复制别人的模式，只会让企业的未来之路走偏。

对于“企业处在什么位置？”这个问题，具体需要考虑多个方面：

在当下市场环境中，企业所处行业的前景如何？企业处在行业的什么位置？企业处在整个产业链中的哪一段或者哪几段？企业现在的盈利渠道有哪些？企业现在拥有哪些优势资源？企业现在遇到的最大问题是什么？只有明确了这些问题的答案，才能找到盈利模式调整的方向。

2009年，沃尔玛亚太区换了新的总裁。新总裁斯科特·普莱斯到任的第一件事，就是根据当时沃尔玛在中国业务的急剧扩张需求，对盈利模式进行了全新的调整。针对沃尔玛在中国的店面经营一直亏损的问题，斯科特·普莱斯通过控股“好又多”，实现规模化经营，将原来的依靠低成本采购的盈利点调整为零售店面经营。据了解，调整后，店面零售利润成为沃玛尔在中国的第一层利润，最高的时候可以达到77%。而到了2015年，随着零售商整体行业环境发生了变化，沃尔玛依靠店面零售额实现盈利的模式显然已不合适宜。沃尔玛2015年公布的盈利收入展望报告显示，其股价一路走低。同时，沃尔玛在报告中表示，其2016年的盈利可能下降6%到12%左右。在这种情况下，沃尔玛显然要对其盈利模式进行新的调整。

盈利模式的调整重点在于要结合当前市场环境的变化以及企业自身的发展。企业在不同时期、不同阶段的盈利模式必然是不同的。在赚钱的路上，即使像沃尔玛这样传承五十多年的世界500强企业，也会因为不了解“企业处在什么位置”而走弯路。

（2）企业的利润目标在哪里？

如果你给企业定下的利润目标为十万元，你的企业绝对不可能创造一百万的利润。对于企业的掌门人来说，制定一个合理的利润目标不仅决定着企业赚钱的多少，更决定着企业最终的发展高度。

经过第一个问题的思考，在全面了解市场竞争环境中的挑战与机会、企业成本、资源优势和劣势的前提下，制订出合理的利润目标，是企业实现利润最大化的关键环节。所谓合理的利润目标，首先必须具有可行性，必须能够反映企业在未来能实现的最佳利润水平，既不能过高也不能过低；其次，利润目标必须具有客观性，要以企业客观存在的实际状况、资源条件以及市场环境的实际参数为基础，不能脱离实际。最后，利润目标一定要具有指导性，在实际落实过程中切不可随意更改。

（3）企业如何实现利润目标？

清楚了解企业现状，明确企业未来目标，接下来最重要的事就是在现状的基础上，实现目标。简单地说，就是你将通过哪些渠道、方法来实现利润的增长？这个问题的答案才是决定一个盈利模式好坏的关键所在。

一般来说，无论如何调整盈利模式以实现利润目标，归根结底都离不开“加减法”。对于“加减法”的具体操作技巧，我们将在接下来的两节内容中具体介绍。

做加法：挖掘新的利润增长点

所谓“做加法”，就是企业在现有资源的基础上，积极开拓蓝海市场，培育新兴业务，向产业链上下游延伸，拓展新的发展空间，挖掘新的利润增长点。对于不同行业、不同类型、不同规模的企业而言，“做加法”的方式也会有所不同：可以是开创一个新的产业，也可以是在原有产业的基础上向产业链上下游进行延伸，也可以是开发新的产品以满足市场新的需求，等等。总之，对于想要做大，实现利润率快速增长的企业来说，“加法”是一定要做的。当然，企业“做加法”也不可盲目，要遵循一定的原则：

（1）先专业化，再多元化。

要想盖高楼，根基一定要稳。企业初具规模、拥有一定的优势资源、至少有一款拳头产品等这些条件就是企业“做加法”的根基。没有根基的“加法”无异于异想天开。对于任何一家企业来说，如果尚未找到稳定的盈利点，没有属于自己的拳头产品，就想盲目扩大，结果必然适得其反。

即使是在中国管理界以“加法”著称的张瑞敏在说“如果你有一套空房子，我希望海尔能为你提供所有的电器产品”这句话的时候，也是建立在海尔已经坚持做了7年的冰箱，并且成为“中国十大驰名商标”的前提下。

张瑞敏将海尔的“加法战略”解释为“以综合优势对单项优势”。而他认为的海尔的“综合优势”恰恰是海尔深入人心的品牌优势、是一天申报18个专利、一天半推出一个新产品的技术优势，是国内9000余个、国外8000余个营销网点的市场优势……这些优势，毫无疑问都是在海尔专注于冰箱产业长达7年的时间所积累起来的。

因此，对于任何一家企业来说，要想通过“加法”实现利润的增长，必须先走专业化的道路，打造出属于自己的绝对优势。就像是一个刚刚开始蹒跚学步的孩童，首要任务是学会走、学会跑，而不是要背多少东西。否则，“加”的越多，越容易使企业陷入“超负荷”的盲目运转中，利润不增反降。

（2）整合优势资源，而不是叠加。

在企业管理上，有一个著名的“米格 -25 效应”：苏联研制的米格 -25 喷气式战斗机在升降、速度和应急反应等方面均远远超过美国的战斗机。事实上，该机所使用的许多零部件与美国的战斗机相比都要落后得多，只因该机的设计者考虑到战斗机的整体性能，对该机的各零部件进行了最优化组合，才使其成为当时世界一流的战斗机。

所以，“做加法”并不是说企业引进了多少先进的设备，研发了多少新产品，关键在于，对现有的资源进行最优配置和高效整合。如果不能在现有优势上“加”出更大的优势，简单盲目的叠加反而会使企业陷入“投入和产出不成正比”的陷阱之中。

某旅行社主要负责老年旅游团服务。近年来，随着竞争的加剧，同行之间出现了价格相近、线路相同、服务相似的同质化问题，让该旅行社的老板头疼不已。但是，他们却凭借着“做加法”，仅用 1 年时间就实现利润翻倍，完美蜕变为当地的大型旅游公司。

迫于竞争的压力，大多数的旅行社都选择减少旅行线路上的景点以求降低成本，压低价格。而该旅行社却借助自身景点开发资源的优势，在现有的旅游线路上各增加了一个新景点，游客花同样的时间多游览一个地方，给游客带来了不同的感受。同时，为了体现新增景点的价值，该旅行社将新旅游线路的价格增加了 20 元钱，而事实上其成本只是多了 5 元的门票钱。虽然这种方式让一些善于精打细算的“精明人”耿耿于怀，但对于大多数游客来说，一次出行多花 20 元就能够多游览一个地方远比再找时间出行一次要划算得多。所以，即使该旅行社涨价，游客依然趋之若鹜，而该旅行社也借助这次的“加法策略”很快发展壮大。

如果该旅行社不是借助现有优势资源在原有线路上增加一个景点，而是耗费大量人力、物力重新开设一条旅行线路，其成本恐怕要远远高于5元钱。最重要的是，这种盲目叠加的方法还难以确保客户是否买账——新开设的线路旅客是否感兴趣还是一个问号。对于企业来说，“做加法”的目的无非是增加利润。对现有资源进行优势整合、配置，无疑是成本最低的利润增长策略。

（3）创新，创新，创新。

创新是企业生存的命脉，尤其是在企业“做加法”的过程中，创新更是灵魂所在。企业要“加什么”“如何加”等问题，都必须建立在创新的基础上。尤其是对于想要基业长青的大公司来说，无论是从产品、服务、人力资源方面，还是管理、制度、营销方面，现有的固定模式是其利润增长的保证，同样也是枷锁。一旦市场中出现新的竞争者，打破原有的竞争格局，大公司就很有可能因为“尾大不掉”而失去竞争优势。在这种情况下，唯有保持创新，突破固有的思维模式，才能凭借“做加法”打开新的局面。

除了以上三个原则之外，企业在考虑“做加法”的过程中，必须将“实际情况”一以贯之。任何不符合企业实际情况的新思路、新策略等均是不合理的。唯有建立在企业实际情况的基础上，同时结合企业自身的特点进行的“加法”才能帮助企业实现“做大”的梦想。

做减法：勇于“止损”

企业想要“做大”，要“做加法”，但如果想要“做强”，就要“做减法”。企业的成长阶段一定要做加法，推动企业快速发展。而当企业发展到一定规模，必须通过做减法才能使企业进入成熟阶段，获得持久稳定的发展。

“做减法”就是要淘汰一些落后的、不适应企业发展的产业、产品、技术、人员等。当企业大到一定程度，压力也会随之增大。当企业的资金链、管理、经营以及盈利水平都遭受巨大的压力时，就要“做减法”了。

尤其是在当前处于过剩经济的市场条件下，“做减法”反而是企业保存实力，获得永续发展的重要举措。许多家族企业发展到一定程度之后，都想把饼做得大一些，再大一些，因此只做加法，不做减法。结果大到一定程度之后，就失去了对细节的掌控，问题也就随之而来。许多企业就这样倒在了持续不断地做加法的路上。

优胜劣汰，是大自然的法则，同样是市场生存法则。企业在发展过程中，随着市场的不断变化，自身的不断成长，总会出现一些难以适应当前形势的、落后的人和物。它们非但不能为企业带来可观的利润，反而会成为企业亏损的根源。对于这样的人和物，企业必须勇于“止损”，用“减法”来为自己赢得生存、发展的机会。无论这个人、这款产品、这台机器、这项技术曾经为企业带来多么丰厚的利润，一旦被市场淘汰，就应该被企业淘汰。否则，企业就只能背负着这份累赘前行，又如何能获得快速发展呢？

2004年12月8日，IBM公司宣布，将以12.5亿美元的价格把个人电脑业务出售给中国联想集团。IBM作为世界上生产出第一台PC的企业，曾在PC领域引领了一系列行业标准。但是，随着市场环境的变化，IBM

最终决定在PC业务尚处于盈利期时将其出售。

IBM出售PC业务不仅在内部存在着很大的分歧，外界同样对此抱有极大的争议。毕竟，PC业务作为IBM的优势产业，不仅为IBM带来了巨大的利润，同时也带动了其他产品业务的营收。尤其是PC业务给IBM带来的品牌声誉，将受到严重的损害。对此，时任IBM首席执行官的彭明盛表示："我深知存在争议的每一个环节。然而，在你决定将转移到另外一个完全不同且充满创新机遇的业务领域之后，你也会因此打造出独有的产品并收获回报。而PC不会成为这样的业务领域。"

此次剥离PC业务，使IBM减掉了一个沉重的财务负担。据了解，2003年，IBM收入总额达到891.3亿美元，净利润75.8亿美元。而PC业务为IBM贡献了大约100亿美元收入，但是税前亏损已经达到2.5亿美元。

在PC业务出售给联想集团后，IBM董事长塞缪尔·帕尔米萨诺在给员工的信中表示，"个人电脑业务正迅速呈现出家庭消费品行业的特征，该行业更偏向于规模经济。出售个人电脑业务符合IBM专注于为政府及大型企业客户提供产品的发展战略。"

剥离PC业务后的IBM虽然不再是全球最大的IT企业，但却借助技术积累的优势，向高价值的企业服务市场发展，重获新生。在2015年全球十大高科技公司排名中，IBM以市值1624亿美元，排名第八。虽然远不及1911年第一的位置，但能够在日新月异的高科技行业，将领先地位保留105年实属不易。

在巨大光环之下，IBM依然能够保持冷静，没有盲目扩大公司的规模，而是在市场趋势中看到挑战与机会，勇于止损，迅速剥离耗费大量成本、利润率却越来越低的PC业务，转而将高利润率的业务作为主要发展战略。没有了PC业务的拖累，IBM虽然规模大大缩小，但盈利能力却得到了提高。这就是“做减法”的智慧。

企业做到一定程度，诱惑会越来越多。如果企业的掌门人不能抵挡住诱惑，贪大求全，看不清形势，不但没有对拖累当前企业发展的产业、人员“做减法”，反而盲目地增加一些自己不能做、不会做的产业或产品，结果只会欲速则不达，严重阻碍企业的发展。摊子铺得再大，不盈利，同样不能生存。

企业要想获得更稳健的发展，传承百年，就必须在发展过程汇总，不断地“做减法”，下决心把不相关、不熟悉、不赚钱的项目都剥离出去，把不能为企业带来效益、跟不上企业发展速度的人员请出去，让企业的优势更加凸显，品牌影响力才会更加强大，企业自然也会更加强大。

企业转型中，勇于止损，干脆利落地“做减法”，需要企业家具有超凡的智慧和胆识。唯有做好了“减法”，才能将企业所有的资源用于优势产业中，使其发展得更好、更稳，进而再寻合适时机“做加法”，推动企业发展壮大。

02　打造“金刚钻”：挖掘新常态下的竞争优势

当下，各行各业之间的竞争风起云涌，品牌信任严重缺失，同质化、无序化竞争加速的情况下，唯有两类企业能够活得长久：一是错位竞争，拥有绝对竞争优势的企业；二是善于学习、不断创新核心竞争力，具有相对竞争优势的企业。

错位竞争，寻找差异化机会

《史记》中有一个“田忌赛马”的故事：

> 战国时期，齐国有一个将军叫田忌，非常喜欢赛马。他经常与齐国的众公子赛马，并且设重金做赌注。有一次，田忌和齐威王约定赛马，他们提前商量好，把各自的马分成上、中、下三等，比赛的时候各自出一匹马。田忌每次都是用自己的上马对齐威王的上马，用自己的中马对齐威王的中马，用自己的下马对齐威王的下马。但是，田忌作为将军，他的马肯定比不上齐威王的马。在每个等级上，田忌的马都要稍逊一筹。所以，田忌和齐威王比赛了几次，都失败了。
>
> 田忌垂头丧气地回家了。在他家中做客的孙膑问他为何如此郁闷，他就跟孙膑说了比赛的事情。孙膑听后，信心满满地说：“你只管再去比赛，我有办法让你赢。”田忌将信将疑。
>
> 比赛开始了，孙膑让田忌用他的下等马对阵齐威王的上等马。一局下来，田忌的下等马输得很惨。大家都嘲笑孙膑的点子很拙劣。接着，第二场比赛中，孙膑让田忌用上等马对阵齐威王的中等马，小胜了一局。到第三场比赛，田忌的中等马对阵齐威王的下等马，又胜了一局。结果田忌三局两胜，赢了齐威王。

看似简单的赛马，只因调换了马的顺序，进行错位竞争，就转败为胜。在市场竞争中，这种错位竞争策略同样是企业挖掘自身竞争优势的方法。错位竞争策略是指企业刻意避开竞争对手的优势，以己之长和竞争对手的劣势进行竞争。

近年来，在各大国际品牌中异军突起的“优衣库”利用的就是错位竞争策略，使其迅速在“快时尚”品牌红海中得以突破。

优衣库的母公司迅销集团最初只是一家销售西装的小服装店。但是，历经30余年的发展，凭借着错位竞争策略，优衣库已经跻身国际十大“快时尚”品牌行列。截至2015年8月底，迅销集团在全球范围内的销售额高达1.68万亿日元（100日元约合5.58元人民币）。

作为将目标受众定位于城市中产阶层的“快时尚”品牌，优衣库也一度与ZARA、H&M等“快时尚”界“大鳄”相遇。但是，在这场竞争中，优衣库始终坚持“平价战略”，以错开竞争对手较高的市场价格，避开了与品牌大鳄的正面交锋。

ZARA、H&M等国际“快时尚”品牌大鳄强调设计，凭借款式新颖、时尚取得市场竞争中的优势。而优衣库则将重点放在规模化效应，始终坚持“消费者将其商品当成日用品”的初始定位，有效避开多端竞争。

除此之外，优衣库还将自家的服装定位成为顶级奢侈品牌的混搭“配件”，强调“服装是配件，人才是主角”。而且，为了实现跟任何衣服、任何人混搭的效果，优衣库的所有服饰上除了价签之外，没有任何品牌标识。这个创意使优衣库在“快时尚”界独树一帜，为优衣库赢得了“快时尚”品牌竞争中的差异化机会，实现了与顶尖服装品牌“为伍”，推动了优衣库品牌的海外扩张。

优衣库凭借错位竞争策略，在竞争最激烈的“快时尚”品牌竞争中脱颖而出。全球最著名战略大师迈克尔·波特教授提出了三大竞争战略：总成本领先战略、差异化战略和专一化战略。总成本领先战略在当前成本越来越难以控制的市场环境中，越来越难以实施。而细分市场专一化聚焦战略的效果，短时期内也不明显。如此一来，差异化战略在当前市场竞争中就越来越受到企业家的青睐。而错位竞争，就是利用标新立异获得竞争优势，寻找差异化机会，拓宽自己的市场空间。

简单地说，错位竞争，就是你已经做的我不再做，你没有做的我都做。所以，错位竞争不刻意追求某一点的错位，而是根据竞争对手的定位，可以在产品功能、档次、价格、促销、服务等各方面进行错位。在市场竞争中，没有绝对最好、独一无二的竞争方式，企业只有不断满足独特客户的独特需求，把握和竞争对手错位的差异化机会，才能长久保持市场竞争优势。

每一个企业，无论规模大小、实力强弱，都会存在优势和劣势。错位竞争，强调的就是针对竞争对手弱于自己的目标市场，进行攻击、渗透和发展，从而取得市场竞争优势。一般来说，错位竞争要从以下几点差异化策略进行：

（1）产品差异化策略。

产品差异化的主要因素有：特征、功能、式样、设计等。产品差异化策略是企业进行错位竞争中常用的手段之一。产品差异化策略的重点在于塑造产品的特色，为独特顾客群创造独特价值，从而建立起相对于竞争对手的错位竞争优势。例如，同为世界一流汽车品牌，奔驰车主要定位于满足高端顾客的商务用车需求，而宝马车则定位于满足年轻新贵们享受驾驶乐趣的需求。这种错位竞争，使奔驰和宝马都拥有自己的忠实顾客群。

（2）服务差异化策略。

任何行业都需要服务。服务差异化策略主要是指针对竞争对手的服务模式在服务内容、服务渠道和服务形象等方面采取错位竞争，突出自己的特色和优势。例如，在火锅行业竞争激烈的情况下，海底捞火锅独树一帜，以高质量的服务抢占了较大的市场份额。

（3）文化差异化策略。

企业文化体现在员工的言行举止以及传递出来的企业形象上。文化差异化策略主要是打造具有企业自身特色的文化标签，使其成为企业在市场竞争中独树一帜的标杆。由产品、服务、技术等建立的错位竞争优势，都有可能被竞争对手所突破，而由文化建立的错位竞争优势，却能够成为一道难以逾越的鸿沟，将竞争对手永远隔离在这份优势之外。

需要注意的是，我们永远不可能列出所有的差异化方式，也永远无法确定错位竞争的策略。错位竞争，必须要建立在市场竞争的实际情况下，根据竞争对手以及自身的特点，发挥企业全体员工的创造性而实现的。

创新核心竞争力

1990年，美国两位战略管理学家普拉哈拉德（C.K. Prahalad）和哈默尔（Gary Hamel）在《哈佛商业评论》上首次提出“企业核心竞争力（The Core Competence of the Corporation）”。他们认为，所谓“企业核心竞争力”是指企业内部经过整合了的知识和技能，尤其是协调各方面资源的知识和技能，其具有三个主要特征：一是明显的竞争优势；二是对顾客价值贡献巨大；三是竞争对手难以模仿。在激烈的市场竞争中，企业只有具有并且保持自身的核心竞争力，才能获得持久的竞争优势，长盛不衰。

就不同的企业来说，其核心竞争力或许会有不同，例如较高的市场占有率、技术领先、自主产权产品、客户稳定性，等等。但是，对于任何一家企业来说，要想长久保持自身的核心竞争力，必须以“创新”为核心。

在分秒必争、随时都会发生变化的市场竞争中，任何“核心竞争力”都不可能一劳永逸。唯有不断地创新，才能适应未来市场竞争和可持续发展的需要，才能永久保持“核心竞争力”的优势。

联想集团的创始人柳传志先生在谈到企业核心竞争力时，曾提到，“对于核心竞争力，我们的理解可能一开始就与别人不同。比如，有些新闻媒体或者投资者，经常谈论核心竞争力就是研发能力和市场开拓能力，认为联想就是市场做得好。后来我们研究了半天，这东西是我们的核心竞争力吗？好像不是。我们的核心竞争力就是我们有办法制定能不断产生新的东西的战略。”

由此可见，对于企业来说，创新才是核心竞争力的核心。唯有摒弃固有思维，在企业发展的不同阶段，根据企业和市场需求的变化，不断更新核心竞争力，才能使企业立于不败之地。

世界最大的家族企业沃尔玛，在长期的经营过程中，拥有自己的核心竞争力，如天天平价的低成本优势、顾客至上的优质服务、高效的物流配送系统、独特的企业文化，等等。这些使沃尔玛坐上零售业巨头宝座的“核心竞争力”，即使在今天依然保持着绝对的优势，而其核心就是创新。

尽管沃尔玛近年来依然保持着销售额全球第一的位置，但来自电子商务和消费者行为变化的威胁使沃尔玛不得不对“核心竞争力”进行再创新。2015年，沃尔玛主要从以下三个方面进行了创新：

首先，在服务方面，沃尔玛优化了线下实体店的客户体验。在店内增加了医疗服务，开设了店内诊所。这样，走进沃尔玛的顾客不仅可以购买日用品，同时还可以看病买药。另外，沃尔玛还通过“隐形水印”技术使扫描器可以从商品包装的任何部位识别出这个商品，从而大大提升了顾客结款的效率。最重要的是，考虑到当前消费者行为的变化，沃尔玛关掉了一些中型店铺，转而在人口密集的城市区域开设“邻里市场店”。这类店铺不仅像传统沃尔玛一样提供低价商品，而且重点聚焦在生鲜、医药品和汽油等品类上。而这些品类，几乎都是电商无法解决的东西，其在未来市场的竞争力自然不言而喻。

其次，创新物流配送系统，提升电商实力。在现有物流配送中心的基础上，沃尔玛在配送中心的建设与升级上了做了大量投入。2013年，沃尔玛建设了2个在线配送中心。2015年5月份，沃尔玛宣布将新开4个在线配送中心，每个的面积都超过90000平方米。

最后，为了保持“天天低价”的核心竞争力，沃尔玛开发了一个叫做“低价捕手（Low Price Catcher）”的APP。顾客在沃尔玛消费之后，可以通过这款APP进行比价，如果发现有价格更低的情况，沃尔玛将会以电子兑换券的形式把差价返给顾客。

即使像沃尔玛这样的巨头企业，也没有在取得核心竞争力之后，躺在功劳簿上沾沾自喜，而是通过不断地创新，强化核心竞争力，保持市场竞争中的优势。

打造企业核心竞争力绝不是一蹴而就的，而是通过企业在发展过程中不断地摸索、学习慢慢积累起来的。即使企业已经具有一定的核心竞争力，同样不能掉以轻心。因为这种核心竞争力是相对性的，是相对于自身而言，相对于现在而言的。企业家一定要避免对核心竞争力盲目崇拜、盲目自满，把一时的、相对的竞争优势当做企业的永久核心竞争力，而忽视创新的力量。只有时刻保持警惕，时常反思“企业的核心竞争力是否能够为企业赢得未来？”，并不断根据企业、市场的变化创新核心竞争力，才能够使企业始终保持优势，不断提高盈利，获得持续发展。

做市场的唯一

2012 年，在《中国好声音》的舞台上，庾澄庆对获得亚军的吴莫愁说：“做不了第一，就做唯一。”这话在当时听起来似乎只是一句安慰，事实上，4 年过去了，当初获得“第一”的梁博已经泯然于众，而做“唯一”的吴莫愁却在歌坛中大放异彩。

做企业也是这样。不是谁都可以成为“第一”，但是只要找准自己的定位，谁都有机会成为“唯一”。做市场的唯一，对于企业发展来说，往往比第一更加重要。没有“唯一”的竞争优势，就绝对没有成为“第一”的机会。“第一”是靠长时间的积累熬出来的，而“唯一”却可以通过智慧在短时间内创造出来。

对于尚处在成长阶段的企业来说，可能只是凭借某一款产品或者某个关键人物、某个市场机会才获得了快速发展，取得了一些成就。如果企业家在这个时候，盲目自大，将目光锁在“第一”上，必然会使企业迷失未来的方向。

对于成长型企业来说，与其做全能冠军，不如先做单项冠军，创造属于自己的“唯一”。纵观国内外，但凡取得非凡成就，拥有持续生命力的企业，90%以上都是先做特色，打造属于自己的“唯一”，再进行多元化发展，创造“第一”。事实上，真正站在“第一”位置的企业并不多，在今天，仍然有70%的一流企业即使做到近千亿的资产，仍然坚守做市场的唯一。

著名的营销大师科特勒说过：“未来竞争必胜的法宝：快速的销售方式以及差异化产品。这也是未来竞争必胜的唯一途径。”做“唯一”很容易使品牌在激烈的市场竞争中突出重围、崭露头角。例如，定位于“一家专门做特卖的网站”的唯品会，在追求全、大的电子商务网站竞争中，靠唯一的“限时抢购”模式独领风骚。

2008年12月上线运营的唯品会，借鉴了美国网络零售商Gilt Groupe和法国购物网站Vente Privee的模式——“名牌折扣＋限时抢购”：以低折扣的价格对名牌服饰、化妆品、潮流配件提供限时、限量抢购服务。而与Vente Privee不做实物库存、只在消费者买下商品后才通知品牌商发货模式不同的是，唯品会建立了自己的仓储物流中心，消费者下单后，唯品会可以直接发货，从而大大缩短物流时间。把“限时抢购”作为唯一销售方式的唯品会，在2015年中国电商力量排行榜上，位列第六，成为电商领域一匹异军突起的黑马。

对于唯品会成功的秘诀，除了把“限时抢购”作为唯一营销方式之外，其在“专门做特卖”上也下足了文章，和上千个国内外知名品牌建立了长期合作关系，让唯品会上的名牌产品以超低价出售成为可能。同时，在消费保障上，唯品会同样和其他电商走了不同的路线，除了“正品保证”

和“七天无条件退货”服务外，还独树一帜地推出行业首创的“正品保险”服务——在中华保险为网站售卖的所有品牌都购买了“正品保险”，凡事唯品会的会员，均可以收到一张“正品保证保险卡”。会员在唯品会购买商品后，90天内，如果发现商品不是名牌正品，就可以通过正规的保险理赔手续得到赔偿。这项在中国电商行业独树一帜的正品保障机制，同样使唯品会成为了市场中的“唯一”，为唯品会赢得了更多客户的信赖与支持。

在当前竞争激烈的电商行业，唯品会凭借独具匠心的创意，打造了属于自己的“唯一”，做到了“人无我却有，人有我更优”，在消费者心中塑造了独一无二的品牌形象。

能够使企业获得长久发展的战略，并不是一定要成为“第一”，而是要让自己与众不同，创造竞争对手无法复制或者难以复制的优势。例如，在快消品行业异军突起，缔造了中国饮料史上“飞”一般销售传奇的“六个核桃”，同样是凭借“唯一”的优势取得了成功。

作为市场的“唯一”看似容易，事实上是企业在激烈的市场竞争中，品牌与营销方式的凝练。在打造“唯一”的道路上，可以是创造新品类，可以是开辟新市场，也可以是创造新概念，等等。在当前产能过剩的大环境之下，几乎每一个细分品类、细分市场都有人占据一席之地，要想通过创造新品类、开辟新市场来打造“唯一”，已经难上加难。那么，就要创造新概念了。营销的本质就是把同样的东西卖出不同来，找到与众不同的“唯一”，就是创造新概念。同样是戒指，Darry Ring（DR戒指）创造了“一生仅能定制一枚”的概念，男士凭身份证一生仅能定制一枚，寓意“一生·唯一·真爱”，抓住了戒指对于婚姻的情感意义，创造了独属于自己的“唯一”市场。所以，只要用心，你总能找到一个角度成就你的“唯一”。

俗话说，打江山容易，守江山难。同样，创造“唯一”容易，坚守“唯一”就难了。要做唯一，必须拥有专一、专注的精神，懂得以精专的力量来谋求企业的发展。要做唯一，必须懂得聚焦，集中所有资源、能量在一个点上，做出突破口，做出自己的特色，与竞争对手拉开距离。

在“六个核桃”的企业文化中，企业使命为“专注于提供优质的健脑核桃产品，致力于提高人生智慧和幸福指数”；企业愿景为“持续引领核桃产品行业发展，打造卓越民族品牌”；企业定位为“核桃饮品专家”；企业经营战略为“专注核桃饮品”；企业经营理念为“专注、诚信、共赢”。

在“六个核桃”的企业文化中，我们看到了这家企业对于“唯一核桃饮品”地位的坚守和专注。当一个企业长期专注于只属于它的“唯一”领域时，它就已经成为了第一。因此，只有做好了唯一，才能得到第一。

03 强化内部管控：粗放式管理向精益化管理转化

企业发展初期，个人英雄主义式的管理方式，或许可以为企业带来短期内的快速成长。但是，对于已经具有一定规模，并且追求基业长青的企业来说，就要通过完善的机制进行管理，以确保所有的员工都能各司其职，各尽其责。

岗位明细，责任到人

在中国，许多企业在创业初期阶段，往往都是凭经验或亲疏关系来管理企业。在这个阶段，企业家往往凭借个人魅力对下属进行管理，企业内部文化也以“好汉精神”为主导，大家想的更多的只是如何生存下来、如何更快地发展。这种管理模式对于处在创业初期的公司，或许更能够调动起所有人的激情，虽然人不多，但所有事都有人做，一人兼多职的情况非常普遍。但是，随着企业的不断发展壮大，每个岗位的工作量都在增加，问题也随之增加，每个人开始有自己的利益考虑，每个过去的“好汉”都觉得自己是企业的功臣，应该受到不同于常人的礼遇。这个时候，粗放式管理模式就成为了扼住企业生死喉咙的那只手。

2006年第13期的《中国企业家》封面人物是李一男，讲述了他和他的“港湾网络”的故事。杂志中这样说，“他是一个从华为高调出走的叛逆天才，他在创业伊始就获得了国际上最具实力的风险资本的鼎力支持，他曾经不顾一切向老东家挖角开战并因此遭到了更猛烈的反击，他一度离上市很近，离出售很近，离财富很近，但最终，他手创六年的港湾，还是如同流星一般划过中国商业的天空，终归被老东家收入囊中”。这样牛的一个人，这样传奇的一段创业故事，到底是什么终结了他的好运？

“天时地利人和，我们缺人和。”一位曾任港湾网络高层管理人员在接受《中国企业家》采访时说道。大家都不否认李一男在技术方面的天才，也正因为此，他在创业初期得到了下属的佩服、服从和拥戴，同时也得到了风险投资机构的青睐。但是，他身上所欠缺的是经营管理一家企业的能力，在港湾网络快速成长为一家“冲刺上市”的企业时，这成为了其最大的阻碍。

在管理中，李一男的口头禅是“企业具体的事我都不管，‘谁谁谁’，我把它交给你了！”这种典型的粗放式管理模式，对于一家准备上市的企业来说，无疑是致命的危险。岗位责任的不明确，使许多员工浑水摸鱼。而家族式的管理模式，又衍生了派系之争。港湾网络的4个副总，虽然每个人所负责的区域不同，但谁也不服谁，他们花费在办公室政治博弈上的精力远远高于花在经营管理企业上的精力。甚至有人说，4个副总为了在企业上市前巩固各自的势力，全国的28个办事处主任每年都要经历一次大换血，换了办事处主任之后，员工也跟着换。这样的管理之下，员工又有何心情和精力用心工作？又哪来的“人和”呢？

于是，在2004年港湾网络第一次上市失败后，一大批骨干相继离开公司，其中包括副总王斌。而港湾网络名义上的二号人物，常务副总彭松也萌生了退意，最终被李一男留下。然而，2006年6月6日，创办6年、走在上市路上的港湾网络被华为收购。

港湾网络的失败，背后或许有很多原因，但我们绝对无法否认李一男在企业发展规模壮大后，仍然采取粗放式管理模式对企业前途的阻碍。有效的管理，就是要落实责任到人。在创业初期，老板可以对下属说“某某某，这件事我交给你了！”充分激发出对方的工作热情。但对于具有一定规模的企业来说，这句话很容易让下属产生“凭什么是我？”的逆反心理。

在企业转型期，企业家首先要做的就是完善管理体系，实施岗位责任制，明确规定各个工作岗位的职能及其责任并制定严格执行的管理制度，真正把工作落实到每个人身上，而不是以老板的好恶、心情来下命令，以保证企业的各项业务活动能够有序进行。

《韩非子·八经》中说："下君尽己之能，中君尽人之力，上君尽人之智。"意思是指：平庸的领导者只会尽自己的力气做事，能力一般的领导者也只会指挥别人按你的指令去做事，而聪明的领导者则能够充分发挥下属的才干和智慧让他们自己去解决问题。企业家要想成为聪明的领导者，就必须转变创业初期的管理思维和自身的角色定位，改变过去将职责先划分到部门，再由部门主管自主分配或临时安排的做法，而是将所有的职责一次划分到岗位。

在具体操作中，实施岗位责任制，要注意以下几个原则：

（1）清晰、明确的定岗、定责。

在定岗、定责之前，要认真进行职务分析，明确任务和人员编制，然后根据任务定岗位，再以岗位定责任、定人员。如此，才有可能将责任落实到人，使员工各尽其职，达到"事事有人负责"的目的。有效避免出现管理效率低，消除扯皮推诿、责任真空等问题。

（2）人尽其才，才能和岗位相匹配。

定岗、定责之后，要对企业所有的人员都进行摸底调查，清楚了解每个人的优势和劣势。然后，根据每个人的不同才能和特长，分配相对应的岗位。对于不符合上岗资格的员工进行转岗，或者进行岗位培训。最终，要使企业的每个员工都能够胜任自己的岗位、承担岗位相应的责任，使每个岗位的工作都可以高效有序地展开。

（3）将职、权、责、利统一。

职、责、权、利四项是每个工作岗位不可或缺的因素。定岗、定责、定人之后，权力也要到人，同时要和实际利益挂钩。如此，才能使员工积极主动地承担责任、处理问题，同时享受应得的利益。这是企业建立岗位责任制的最终目标。

（4）考核、奖惩要一致。

没有考核，岗位责任制就只能算是一纸空文，毫无意义。只有建立和岗位责任相匹配的完善考核制度，才能确保员工自动自发地将岗位责任落到实处。同时，考核是奖惩的基本依据。做好了考核，才能论功行赏、依过处罚，对员工起到有效的激励作用。这样，岗位责任制才能真正发挥作用。

企业要做强，绝不是依靠一个人、一个家族的力量就可以完成的，而是要依靠一个完美的团队。这个团队就像是“铁打的营盘”，有它自己的规则和文化，每个加入团队的人都能够自动自觉地按照团队的规则来行事，而即使某个人离开，也不会影响团队的整体能力。要打造这样一个团队，建立完善的岗位责任制，是必须走的一步。

企业管理讲究的是责任明确、各司其责，向绩效和结果负责。好的管理不在乎员工是否每天都抱有饱满的激情，也不需要太强势的“好汉”，反而更重视效率和绩效。没有效率和绩效的企业，就不可能造就持续性的成功。

强调细节，重视过程管理

在企业中，很多管理者，尤其是企业家，在下达指令或者听下属汇报的时候，都喜欢说，“我只要结果，你怎么做我不管”“给我结果就可以，具体的事我不想知道”。这种只重结果的目标管理方式，对于企业发展初期急需做出成绩、推动企业快速成长来说，是非常有利的。但是，如果将眼光放长远，这种只看结果，却忽视过程的管理方式，是无法维持一个企业长久、稳定发展的。

在中国市场经济时代，有一句话曾被许多人奉为座右铭——不管黑猫白猫，逮着老鼠就是好猫。由此走入市场经济的企业家们，在管理中也以此为标准，只看员工是否能逮着老鼠，却不管他是如何逮的。虽然老板作为企业的决策人，主要工作是制定战略方向，不需要太关注细节。但是，对于老板来说，用人同样是一件大事。在这种以结果论英雄的管理模式下，很容易使老板失去准确的判断。如果不了解过程，就无法判断“抓住老鼠”的员工能力到底如何，是否能够一直抓到老鼠？是否还能抓更大的老鼠？

还有人将企业管理比作炒菜。重结果的老板会说：“我只想吃宫保鸡丁，不要告诉我它是怎么炒出来的。”结果，大厨端出一盘色香味俱佳的宫保鸡丁，老板很高兴，当即奖励。过了一段时间，顾客反映宫保鸡丁不如原来好吃了，老板叫来大厨批评一顿，然后告诉他：“我只要原来那个味道的宫保鸡丁，否则，罚钱！”但是，大厨也不知道问题出在哪，又被罚了钱，很憋屈，干脆辞职不干了。而重过程的老板会说：“要炒出一盘色香味俱佳的宫保鸡丁，需要几个步骤？哪些是关键细节？”然后，他将炒宫保鸡丁分为18个工序：第1步，准备鸡腿肉，要把鸡腿的大骨头、小骨头外皮和筋膜全部剔除干净；第2步，将鸡腿肉切成直径2cm左右的鸡丁；第3步，将鸡丁淘洗干净，放入半个鸡蛋的蛋清、2勺盐、1勺胡椒粉、2勺黄酒，用手抓匀……第 16 步，放入提前剁碎的豆瓣辣酱，炒出红油和香味后再烹入料酒；第 17 步，加一大勺鸡汤，放入提前做好的芡，迅速翻炒均匀，加入花生米；第 18 步，撒点香葱末，出锅装盘。大厨用这 18 个步骤炒出来一盘宫保鸡丁，若不好吃，可以检查一下哪个工序不够完善，调整一下，直到最后炒出一道美味的宫保鸡丁。过了一段时间，顾客又反映，宫保鸡丁不如以前好吃了。老板检查一下，哪道工序出问题了，调整一下。同时，也可以此为依据对大厨做出合理的奖惩。而老板在全面掌握炒宫保鸡丁的细节之后，一方面可以凭借大厨的执行力和创造力判断其综合能力，量才而用；另一方面，即使这个大厨离职，新人到岗只要严格执行这个工序，同样可以炒出美味的宫保鸡丁，确保客户价值的维护。

所以，过程和细节的管理可以帮助一个管理者在“让正确的人做正确的事”上做出决策。

好的企业管理者必须要了解和熟悉过程，关注细节。尤其是对于企业的最高层管理者来说，不了解执行过程，便无法制定出可行性的目标。作为企业的掌门人，虽然不需要事必躬亲，却要非常熟悉每项工作的执行过程，否则，不仅对结果难以做出准确的判断，更难以对企业的未来发展有清晰的认识和规划。

创立于 1940 年的麦当劳，目前在世界上大约有 3 万间分店，分布在全球 121 个国家和地区。一家只卖汉堡包、薯条、炸鸡、汽水等这些在街边随处可见的食品快餐店，如何遍布全球，并且已经有76年的历史？答案就是细节上。在全球 3 万多间的麦当劳店里，都有着极其严格的标准化、数字化管理制度。

在麦当劳的工作手册中，我们看到关于“服务流程”的要求：

顾客进门，服务人员要精神抖擞、面带微笑并且大声地向顾客问好。同时，明确规定了与顾客打招呼的问候语——“欢迎光临”“请到这里来”“早上好”“晚上好”。在顾客点餐环节，麦当劳不仅明确规定了点餐的礼貌用语，同时要求服务人员在顾客点餐完毕必须用清晰的语言复述一遍顾客所点购的食品和数量，如发现错误须立即改正。全部点购完毕，服务人员必须清晰地告诉顾客：“您所点的食物总共XX元。”在准备顾客所点的食物环节，麦当劳制定了标准化的食品准备顺序：奶昔—冷饮—热饮—汉堡—派—薯条—圣代。而且服务人员在摆放商品时要注意标志朝向顾客；薯条靠在边上。

麦当劳能够取得今天的成就，与其对过程、细节的严格把控密切相关。好的企业管理者，在分配任务时，必须明确责任人，让员工清楚了解要做什么、怎么做、做到什么程度。在员工执行过程中，要进行把控，一旦发现问题要及时调整和纠正，而不是做甩手掌柜，只关注结果。做任何事都有一个过程，只有有了完美的过程，才能产生所期望的结果。

现代管理之父彼得·德鲁克说：“做正确的事，远比正确地做事重要。”同时，他强调：“我们不一定知道正确的道路是什么，但却不要在错误的道路上走得太远。”而关注细节的过程管理，就是企业管理者为了避免下属做了错误的事，甚至在错误的道路上走得太远而一定要做的事。

最后，需要强调的是，过程管理和目标管理并不冲突。对于任何企业来说，发展就是建立在完成既定目标上的成果。没有目标，就没有过程，自然也没有企业的发展。但是，在目标管理中，企业中每个人的工作都要在企业总目标的指导下进行。而企业总目标的完成，必须依靠一层层分目标的完成来实现。为了达成目标管理，不仅要告诉员工要实现哪些目标，还要告诉他们在执行过程中大家应该做什么，以及整个完成过程需要的技巧。所以，完美的过程管理是确保目标管理成功的关键。

管理细节，是一家企业从“游击队”到“正规军”转变过程中所要面临的最重要考验。关注细节，在过程管理中要充分了解企业操作流程和客户的充足信息，确定哪些经营流程对企业战略目标的实现最重要，确定在未来要给客户提供的价值到底是什么，确定企业中哪些人应该放在哪些岗位，然后，你才能做出真正适合企业未来发展的战略。那些只关注结果的管理者是幼稚的，他们并不了解到底是什么在促成企业的成功，更不知道未来该如何做才能确保企业获得长久的发展。

全面检查，加强监督力量

没有检查和考核就等于没有管理。在这个世界上，不存在绝对完美的执行计划。更何况在执行过程中，随时都可能出现无法预料的变化，导致执行上出现问题。检查、监督就是为了及时发现问题，纠正错误，确保员工在执行中一直“做正确的事”，最终实现既定目标。检查、监督的目的就是使正在进行，或者已经完成的工作始终处于管理者的掌控之中，有效避免企业运营管理中的真空地带，出现不必要的错误。

据统计，在一家企业中，只有20%的人会自觉、彻底地完成工作，有60%的人要靠检查、监督才会完成工作，最后还有20%的人很难独立完成工作。由此可见，检查、监督在企业管理中的重要性。

在实际的执行工作中，对过程的检查和监督是针对结果而言的。企业要想获得每一个目标的结果，就必须建立完善的全面检查、监督机制。一个完善的检查机制，不仅能够有效避免执行中出现错误、偏差，同时还能够根据实际情况对员工的执行计划进行及时调整，对于员工难以解决的问题及时提供支持和帮助，促进执行工作的顺利进行。

此外，对于企业来说，任何行为背后都是以“利润”为导向。完善的检查、监督机制，还可以帮助企业有效控制执行成本，避免人力、物力的浪费。现代管理之父彼得·德鲁克指出“企业内部只有成本”，降低成本才是追求最大利润的根本途径。企业价值增值与否，直接取决于企业运营成本的高低。企业唯有做好成本管理，让每个员工、每个岗位、每道工序都将成本控制到最低，把钱花在正确的地方，才是企业成功的关键。成本管理涉及企业运营过程中的各项成本预算、成本分析、成本决策和成本控制，是企业过程管理的重要组成部分。

要想完全实现企业的既定目标，彻底执行计划，就必须在执行过程中进行检查和监督，确保员工所有的行为都是围绕着目标进行。检查的首要目的就是及时发现问题、解决问题，否则，检查就失去了意义。所以，全面检查过程中，要紧紧围绕以下几点进行：

（1）衡量工作进度及现阶段结果。

大目标的实现，来自于小目标的完成。管理者在检查工作时，首先就要以目标为导向，分阶段衡量工作进度以及现阶段完成的结果如何。如发现拖拉、延迟完成的情况，一定要紧急督促员工按时完成。这一点非常重要。人都是有惰性的。如果没有及时进行阶段性的进度检查，很有可能员工用5天时间只完成了1天的进度。这对最终结果的实现，无疑是致命的。

所以，检查工作首先要关注的就是阶段性的工作进度和结果。针对这一点，管理者最好定期、定时，并且提前进行检查，以对员工的执行工作起到督促作用。

（2）评估现阶段结果，并与工作目标进行比较。

阶段性结果的检查和评估也非常重要。无论员工是否完成阶段性既定目标，都要对他已经完成的结果进行检查，并和工作目标进行比较。

我们在前面已经反复强调过，检查的首要目的就是为了及时发现执行中出现的问题和错误，以便及时纠正和解决。可以说，企业中一切检查工作都是围绕“防止不良结果”这个目的展开的。而与工作目标进行比较是判断现阶段工作结果是否正确的最佳手段。

在评估现阶段结果时，一定要细致认真，不能放过任何蛛丝马迹。尤其是对执行计划中的“关键点”，更是要一丝不苟地进行重点检查，确保万无一失。

（3）对员工的工作进行及时辅导和协调。

如果你认为检查只是确认员工是否完成任务即可，那就大错特错了。检查是一个非常重要的工作，就是对员工在执行过程中遇到的难以解决的问题进行及时的辅导，同时对资源利用不充分的情况及时做出协调。

尤其是出现员工因为能力或者工作方法不行，而“正确地做错误的事”的时候，管理者就要充当教练的角色，对员工的能力进行培训，对工作方法进行指导，使员工能够“做正确的事”。在这一点需要注意的是，管理者对员工进行辅导，绝对不是干涉员工的工作，不是说你替员工做决定或者直接替他完成任务，而只是在工作方法、技巧上给予员工一定的启发，同时在资源协调上给予员工一定的支持。

（4）发现问题，先纠正，再找原因。

对于任何一项工作，管理者检查的首要目的是防止问题的发生和确保执行进度。所以，如果问题已经发生，管理者首先要做的工作是纠正，而不是纠结于原因，或者处罚出错的人。

发现问题，立即纠正，然后让执行工作继续顺利进行。然后再回头查找出现问题的原因，并进行教训总结，预防下次再出现类似问题。

（5）详细记录检查过程。

对于任何一次检查，都要进行认真、详细的记录。当然，作为管理者，没必要亲自做这类琐碎的工作，但一定要将记录工作分配到人，要求真实、详细地记录整个检查过程。一方面，是为了总结教训、积累经验，为以后的工作改进、培训和制度建设留下宝贵的资料；另一方面，是为在最终目标完成时的奖惩工作提供可靠的依据。

对于任务，只要你不去检查、考核，就不会有人真正重视。尽管所有人都知道，它很重要，也知道老板希望自己把它当回事，但“希望你能认真完成”“相信你能认真完成”绝对不适合已经长大，并且拥有更长远的发展目标的企业。当你拿着放大镜去检查员工工作的时候，不是不信任，而是为了和员工站在一起，共同为企业的未来努力。

Chapter 4

皇族再造：

亲与权背后的基业命运

对于家族企业来说，可谓是“成也家族，败也家族”。在企业起步初期，如果没有家族，就没有家族企业的成功。但是，随着企业规模的扩大，建立在血缘关系上的家族化已成为阻碍企业发展的重大因素。在“去家族化”的道路上，最核心的问题便是亲与权的处理。

案例解读：李锦记集团的“家族委员会”

成立于1888年，靠生产蚝油起家的香港李锦记集团，如今已经走过了128年。随着第四代掌门人李惠森顺利接棒，李锦记已经突破了“富不过三代”的历史魔咒。直至今天，李锦记依然是100%家族控股的家族企业。那么，这个百年家族企业传承的密码到底是什么呢？

2003年，李锦记的第三代掌门人李文达为了避免“分家”为家族带来危机，建立了一个家族内部定期沟通平台——家族学习和发展委员会，简称“家族委员会”。“家族委员会”的核心成员为李文达夫妇和5名子女，之外还包括全部家族的26名成员。

“家族委员会”的主要任务是处理家族内部事务，像如何将家族共有的价值取向、行为准则加以正式化，以及家族核心成员的培育等。根据李惠森的描述，“家族委员会的中心工作不是如何改善李锦记的企业经营状况，而是如何从战略上规划家族建设，包括家族宪法、家族价值观，以及包括我们在内的第三代、第四代和第五代的培训内容等”。

在家族企业中，家族成员往往扮演着4种角色：家族成员、股东、董事和管理层。这4种角色很容易出现叠加，导致在公司的时候，家族成员会提及家务事，甚至带着亲属之间的情绪，而回到家中，大家的话题又会绕到公司事务，淡化了亲情。这种公私不分的情况，无疑是影响家族企业良性成长的最大弊端。而李锦记的“家族委员会”恰恰是把公司事务和家族事务分开的一个平台。

对于李锦记来说，设置“家族委员会”之后，家族成员开始把家务事都放在“家族委员会”解决，而在公司只讨论有关企业未来发展的重大事项。这样，既保证了家族对企业的控制力和影响力，又使企业管理更加规范，有效避免了家族亲情对企业经营活动的干扰。

至今，李锦记的“家族委员会”每个季度都会召开一次会议，每次会议持续4天。在会议召开期间，无论家族成员在任何地方、做任何事都必须赶回来参加，绝对不能缺席，即使迟到也会受到严厉的惩罚。

每次“家族委员会”设一个主持人，由“家族委员会”的核心成员轮流担任。每次家族会议结束时，现任主持人要选出下一次会议的主持人，并帮助新主持人做好下次会议的准备工作。李惠森认为：“这种主持人制度，可以令家族委员会成员特别是核心成员更加投入，形式也会变得更加多样，会议的整体效果有了明显的提高。”

李惠森在谈到“家族委员会”对李锦记的意义时，提到，“别的家族企业把核心放在‘企业永续’，而我们则把核心放在‘家族永续’上。如果以生意为核心，一旦家族出现问题，生意也会跟着受挫。李锦记是始终以家族为核心，只把生意看成家族的一部分，如果家庭不和睦，事业就会散掉”。

重视家族的理念，以及“家族委员会”的存在，使李锦记出色地完成了“皇族再造”。在李锦记的第五代接班人中，每个人都有不同的兴趣，比如有人对慈善活动特别有兴趣，他就可以去做家族基金。而在管理方面，不一定非得是家族成员来做，也可以“请市场上最棒的精英人才来做”。如此一来，在确保家族控股的同时，也维护了家族成员的利益，同时对家族企业的传承与发展也起到了良性作用。

为了维护家族的稳定与和睦，“家族委员会”还制定了严格的“家族宪法”。这个宪法，被李锦记家族奉为天条，不可逾越。而“家族宪法”的内容，必须经“家族委员会”75%以上的成员通过才可以确定、修改。在“家族宪法”制定的过程中，处理争执与分歧的一个重要理念就是“思利及人”。

“家族宪法”第二条规定——接班人培养：对于是否接手家族生意，下一代拥有自主选择权。后代要进入家族企业，必须符合三个条件：第一，至少要读到大学毕业，之后至少要在外部公司工作3至5年；第二，应聘程序和入职后的考核必须和非家族成员相同，必须从基层做起；第三，如果无法胜任工作，可以给一次机会，若仍旧没有起色，一样要被炒鱿鱼；如果下一代在外打拼有所成就，李锦记需要时可将其“挖”回。

无论如何，对于家族企业来说，家族传承对企业传承有着重要的意义。李锦记用“家族委员会”的方式，为家族成员之间可能存在的各种问题和矛盾提供了一个沟通和解决的平台，也为家族传承提供了保障。

01　利益与权利的界定

家族式管理在为家族企业初期发展奠定基础的同时，也使家族成员之间建立了共同的利益，在企业内部拥有了一定的权利。当企业发展到一定阶段，必须走现代企业管理之路时，如何妥善解决家族成员的利益和权利，成为家族和睦和企业传承的首要问题。

从企业的传承到家族的传承

在家族企业传承问题上，许多企业家关注的都是企业本身如何传承，却忽视了家族，甚至不惜通过牺牲家族的利益来获得企业的传承。但是，任何一个家族企业都不能否认“家族”曾为其事业的发展提供了最重要的帮助。有一点是毫无疑问的，先有家族，后有企业。所以，在传承问题上，有了家族的传承才有企业的传承，有了家族的永续才有企业的永续。

家族企业在世界范围内也是最具有普遍意义的企业组织形态。在美国《财富》杂志发布的2015年世界500强企业排行榜中，位居第一的正是世界上最大的家族企业——沃尔玛。美国学者克林·盖尔西克认为，“即使最保守的估计，家庭所有或经营的企业在全世界企业中占65%到80%之间。全世界500强企业中有40%的企业由家庭所有或经营”。然而，在美国《福布斯》杂志2015年发布的“2015全球家族企业100强” 榜单中，以家族文化著称的中国大陆，没有一家家族企业上榜。

当家族企业的现任掌门人一方面为企业的快速发展殚精竭虑，另一方面又为企业后继无人的局面焦头烂额时，不妨回到原点，关注一下家族的传承，做好家族文化的建设。

安永会计师事务所，全球家族企业卓越中心的全球家庭企业领导彼得·英格利希说：“在全球营收最高的500家家族企业中，有44%的企业由第四代及更靠后的接班人所有，而在所有企业中，这个比例仅为5%。”这样的数据无疑在向我们证明，只有做好了家族传承，保持家族企业的特色，家族企业才会传承得更好。

在这个世界上，许多事情都超出了我们的控制。比如说生死不是我们能够控制的，市场环境的变化同样是我们不可控制的。我们能做的只能是去适应，去接纳。也正因如此，我们更要清楚，家族企业的发展具有极大的可变性，但家族关系却是永恒的，家族企业的灭亡在于家族的消亡。我们最需要做的事就是尽可能在我们所能控制的事务中创造出永恒性——首先是家族，然后是家族企业。

家族文化是家族壮大的首要因素。看似成功的家族，一代代传承下来，家族文化始终贯穿其中——这也就是中国人常说的“家训”。

只有强大的家族才能让家族财富永恒。什么是强大的家族？拥有强大的家族文化，并世代传承的家族。这样的家族在家族成员中建立起共同的信念和价值观，将“家和”放在首位，而有效避免因为钱或者其他什么而毁掉家族。

香港李锦记集团第四代掌门人李惠森曾说：“李锦记传承100

多年，我们的家族传承的不仅仅是财富，更传承了理念。我们运用‘思利及人’的理念，实现了家族治理‘我们’大于‘我’的局面，把家族治理得很好，如今已经传承5代，打破了富不过三代的谶语。”

当你感叹子女没有继承家族事业的能力和决心时，当你怨恨家族兄弟和你争权夺利时，当你抱怨妻子只会从你这里要钱时，你是否反思过：除了财富，我为家族传承做了什么？我能够给家族后代留下什么？

中国现在有很多企业家都是从底层做起来的，他们曾经因为“贫穷”吃过很多苦，就不希望自己的子女再吃苦，一心想给子女后代留下更多的财富。事实上，在这个世界上，财富是最不可靠的。看似几辈子也花不完的钱，一场赌博可能就烟消云散。所以，如果没有做好家族文化建设，没有给子女留下足以立世的精神理念，留下再多财富都是浮云。

在中国历史上，有一个非常牛的创业家——秦始皇，古今中外第一个称皇帝的封建王朝君主。同时，他规定了：自己死了之后，皇位传给子孙时，后继者沿称二世皇帝、三世皇帝，以至万世。作为家族企业的创始人，秦始皇的梦想是什么？那就是皇位永远由他一家继承下去，“传之无穷”。为了实现这个梦想，替子孙万代奠定基业，秦始皇做了什么？军事上，他把所有可能的敌人都消灭掉了！他强化了中央集权制，修筑了长城，制了“传国玉玺”；经济上，他“度同制，改币值，整交通，车同轨”；文化上，他要求“书同文”，甚至不惜“焚书坑儒”。做了这么多事，有功有过，也算是一个非常厉害、取得了巨大成就的家族企业创始人了。他以为如此一来，他的家族就安全了，家族企业就能够传承万世了。但结果呢？秦始皇死后四年，秦朝二世而亡。

秦始皇不可谓不成功，他为了家族企业的传承不可谓不费心。但是，正是因为他把所有的精力都放在企业的管理和传承上，却独独忽视了家族文化建设，没有教育好自己的儿子。那么，即使他给儿子留下那么大一个家业，儿子也没能守住，最终，家族亡则国亡。

毋庸置疑，家族文化对于家族企业的传承意义非凡，家族文化建设卓有成效的家族企业更可能实现基业长青。以李锦记家族为例，除了众所周知的“家族委员会”之外，李氏家族每年都会安排家族旅游，每次旅游时，从第3代到第5代的26个家族成员全部参加。旅游中，大家一起游玩、打球，在轻松、愉悦的氛围中感受“家族”的力量。

2015年春节团拜会上，国家主席习近平强调“重视家庭建设，注重家庭、注重家教、注重家风”，体现了家族文化建设的重要性。对于家族企业传承来说，大家更关注的就是财富的传承。事实上，一个家族的荣耀，并不取决于家族财富的多寡，而在于每个家族成员对待财富的态度，家族文化恰恰就是要培育家族成员树立正确对待财富的态度。所以，对于家族企业来说，要想基业永续发展，首先要做的就是建设家族文化，才能实现家族传承。

家族成员的角色与职责

家族式管理中，有一个非常典型的现象：几乎所有的家族成员都认为自己不是老板的下属而是亲戚，不是企业的员工而是主人，对企业中的所有事都想管一管，对企业赚的所有钱都想分一分，唯独不愿意辛苦工作；而所有非家族成员几乎都把自己当成“打工者”，而不是主管、经理，拿多少钱干多少活即可，其他的和自己无关。如此一来，可以说企业中的所有人对自己的角色都没有清晰的定位，更不清楚自己应该承担怎样的职责，看似每个人都忙忙碌碌，实际上几乎没有人真正在做“自己该做的事”。

在这种怪圈之下，没有人真正关注企业的生存与发展，而仅是关注自己的利益是否受损。在企业中，大家讨论的重点也不是如何解决问题，而是“拉帮结派”，“看人”比“看制度”更重要，“看情绪”比“看结果”更重要。当企业陷入这种没人担责任，没人干实事的泥潭之中，又何谈永续发展呢?

在家族企业发展过程中，家族成员角色定位模糊是导致家族矛盾的根源，同时也是阻碍基业长青的最大因素。由于没有清晰的角色定位，在家族企业运营管理中，无论是家族成员还是非家族成员，都不把“企业利益”放在首位，而是把“关系”放在首位。

在任何组织中，角色定位都非常重要。只有每个人都清楚知道自己的角色以及职责，各守本位，各尽其责，组织才能够有序运转。家族企业中，家族成员角色定位模糊、职责不清最容易使家族企业陷入无序的混乱和矛盾中。这种混乱和矛盾如果长期得不到解决，将会给家族和家族企业带来致命的打击。

家族作为一个整体，一个团队，只有每个人都清楚了解自己的角色定位，并各自扮演好自己的角色，理清自己在家族企业中的职务和责任，才能够最大限度地发挥家族力量，推动家族企业的发展。

温州桂新园（原名“桂香村”）蛋糕坊曾是温州最大的蛋糕坊，拥有100多家连锁店。2009年6月，老板娘陈建伟意外溺水身亡，引发了一系列的家族纷争。

在这个典型的家族企业中，家族成员包括：老板马建伟，老板娘陈建伟，其子女二人，此外，陈建伟的大姐陈建军在企业中任营销总监，三妹陈建秋任行政总监，四妹陈秋芳任副总经理助理，五弟陈伟进负责门市部的收银系统。同时，老板马建伟的亲属也有不少在公司任职。

最初，这家蛋糕坊只是一家仅20多平米的夫妻店。随着生意不断做大，夫妻俩的亲属也先后加入帮忙。2008年，浙江桂香村食品连锁有限公司成立，注册的资本金为1000万元。马建伟和妻子分别担任总经理和副总经理，各占50%的股份。

老板娘陈建伟去世后，其四个兄弟姐妹先后被请出公司，引发不满。接着，老板娘陈建伟的父母将女婿马建伟告上法庭，要求分割女儿的遗产。虽然法院最终支持陈建伟父母的诉讼请求，在判决书中明确规定她的父母分得900万现金、4处房产和桂香村20%股份。年逾七旬的陈建伟父母分得桂新园蛋糕坊20%的股份之后，角色如何界定成为了关乎桂新园未来发展的关键。无论如何，“家族内斗”留下的裂痕，对桂新园蛋糕坊的未来发展已然造成了严重的打击。

在这个案例当中，陈建伟的丈夫马建伟，父母亲以及兄弟姐妹，每个人都扮演着不同的角色，但每个人都在为自己的利益打算，并没有将关注点放在自己的角色和职责上。从家族的角度来看，家族成员在企业中往往扮演着三类角色：

（1）拥有股权同时参与企业的经营管理。

这类家族成员，不但手中持有家族企业的股权，同时也在企业中担任重要的职务，直接参与到家族企业的经营管理中。他们往往是家族中的核心人物。案例中的陈建伟和马建伟就属于这一类。

这类角色如果能够认清自己的角色定位，并承担起自己的职责，将对家族企业的发展起到极其重要的作用。他们在企业中是领头人、管理者，要建立价值观、愿景和目标为企业指引前进的方向，要在企业的运营管理中做出决策。在家族中，他们是“家长”，既要使家族成员的利益得到平衡，同时还要帮助家族成员了解和承担自己相应的角色与责任。最重要的是，作为家长，他们要善于化解家族成员内部的矛盾和冲突。很明显，案例中的马建伟并没有扮演好自己的角色，他在没有和陈建伟的父母、兄弟姐妹进行任何沟通的情况下，直接将陈建伟的兄弟姐妹请出了公司，无疑会激化家族内部矛盾。

（2）拥有股权，但不在家族企业中任职。

这类家族成员只是拥有家族企业的股权，但并不插手运营管理家族企业的具体事务，一般只通过股东大会行使股东的权利。案例中，陈建伟的父母在继承了陈建伟在公司20%的股份之后，就属于这类角色。

这类家族成员一般并不具备管理公司的才能，所以，最好扮演“投资者”或者“看护者”的角色。作为投资者，重点关注利润回报，根据利润回报的多少决定继续持有股份还是出售股份。投资者对家族企业最大的责任就是，不要将股份出售给不利于家族企业发展的买家。案例中，如果陈建伟的父母将手中20%的股份出售给桂新园蛋糕坊的竞争对手，对桂新园蛋糕坊来说将是极大的灾难。当然，陈建伟的父母也可以扮演“看护者”的角色，以让家族企业世代传承为首要目的，对手中持有的股份不轻易做出处理，更不会对外出售股份。

“看护者”是家族企业中最保守的力量，也是促使家族企业稳定发展的重要力量。

（3）家族成员在企业任职，但不持有任何股份。

家族企业中有很多靠亲属关系而进入企业工作的家族成员，但他们并不一定持有企业的股份，他们的角色只是企业的员工，和非家族成员的员工并没有什么不同。案例中，陈建伟的4个兄弟姐妹就属于这类角色。虽然他们在桂新园蛋糕坊工作多年，甚至有人担任高管，但并没有拿到任何桂新园蛋糕坊的股份。对于这类角色来说，只有一个重要职责：做好自己的本职工作。

如果家族企业的所有家族成员都能够明确自己的角色定位，清楚了解自己应该承担的职责，并且守住自己的本分，不越俎代庖，同声同气，那将是推动家族企业发展壮大并得以永续经营的最重要的力量。

建立家族内部的沟通平台

我们在本章开篇案例中，已经介绍了李锦记集团的传承和其建立的家族内部沟通平台——“家族委员会”有着非常重要的关系。李锦记“家族委员会”的定位是家族成员相互交流的平台，而不是颁布家长意志的平台。“家族委员会”是家族发展和传承战略的商讨平台，同时也是家族宪法制定、修改，家族价值观的传承以及各代家族成员培训的重要平台。同时，李锦记家族以“家族委员会”为核心，搭建了一个完善的家族治理结构（图1）。

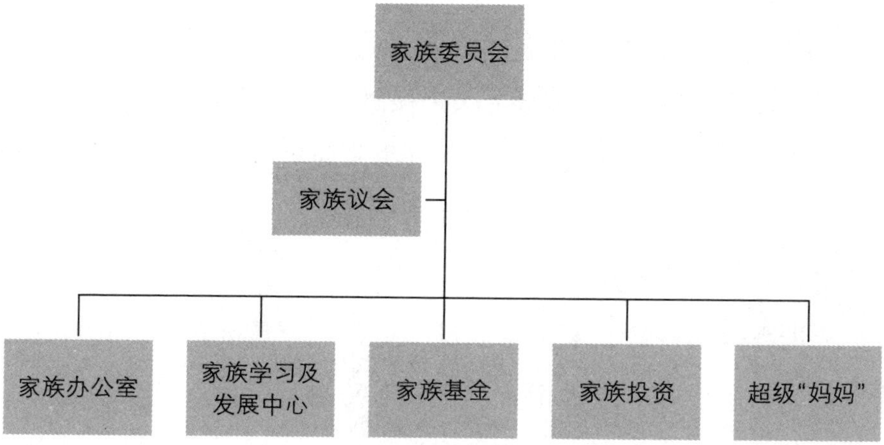

图 1　李锦记家族治理结构

李锦记家族委员会下设了六个机构，每个机构的职能分工不同：

※ 家族议会的首要任务就是商讨、决策、修改家族内部事务以及制定、修改家族宪法。可以由任一家族成员提议，经家族委员会批准召开。

※ 家族办公室是家族委员会的常设机构，主要负责家族委员会的行政管理和服务，包括筹备和组织家族会议，搜集、整理相关数据等工作。

※ 家族学习及发展中心，主要负责所有家族成员的学习和培训，尤其是家族核心价值观、使命等家族文化的培训和传承。

※ 家族基金，主要负责家族层面的公益事业。

※ 家族投资，主要负责管理家族在现有企业之外的投资，如对可行的新创业务的支持和管理。

※ 超级“妈妈”，是专门为家族“妈妈”们设立的沟通平台。

在“家族委员会”的统领之下，各个机构各司其职，所有家族成员共同参与，使家族治理有序进行。

正是有了这样一个让家族成员多接触、多沟通、多了解的平台，李锦记家族成员之间增进了信任、舒缓了矛盾，同时在家族核心价值观的培训和传承中，确保家族成员心在一起，锁定“让家族事业永续发展”这个目标。

从世界范围内看，家族企业设立类似“家族委员会”这样的家族内部沟通平台并非李锦记首创。位居法国富豪榜首位的穆里耶兹家族的传承密码中，“完善的家族治理机制”所提供的家族内部沟通平台，同样是至关重要的一笔。穆里耶兹家族如今已经顺利传承至第5代，家族成员超过1000人，其中有600人持有家族企业的股份，这其中又有250人直接参与家族企业的经营管理事务。这样庞大、富有的一个家族，还在不断地发展壮大，其家族事业也在蒸蒸日上。

穆里耶兹家族设有四大机构——家族联合会（AFM）、家族顾问委员会、家族最终控股公司（CIMOVAM）、家族特别私有基金（CREADEE）。

穆里耶兹家族的治理结构同样是以“家族联合会”为基础，但其他机构并非受其管辖，而是相互监督管理。例如，在穆里耶兹家族的“家族联合会”中，有550名家族成员。很显然，相对于1000名家族成员的穆里耶兹家族来说，这个数据仅占55%。可见，并不是每一个穆里耶兹家族的成员都可以进入“家族联合会”。对于穆里耶兹家族成员来说，要想进入“家族联合会”，除了必须是穆里耶兹家族成员的身份之外，最重要的一关便是获得“家族顾问委员会”的批准。而“家族顾问委员会”的成员，是由整个家族议会选举产生的，这一选举活动每4年一次。穆里耶兹家族成员如果想要进入“家族顾问委员会”，首先要获得“家族联合会”超过半数的投票，同时还要得到4名以上持有家族股份4年以上的公司高管的支持。对于“家族顾问委员会”来说，其宗旨只有一条“确保家族利益高于个人利益”。

在穆里耶兹家族治理结构中，“家族联合会”和“家族顾问委员会”是两个相互监督、相互补充的沟通平台。它们的存在一方面加强了家族成员相互之间的沟通交流，化解家族内部矛盾；另一方面对家族控股公司的战略决策进行监督，但并不干预公司的具体经营管理，同时，还对家族私有基金（穆里耶兹家族为鼓励和支持家族成员出去创业专门设立的基金）进行监督和管理。

此外，穆里耶兹家族的“家族联合会”每年会举办一个家族内部的股权交易会，进行家族股权买卖。在股权交易会上，由独立的分析师审计人员对家族股份的价值进行重新评估，然后家族和非家族的股东都可以此为参考进行股权交易。“家族顾问委员会”在这个过程中承担着监督和管理的职责。这个“股权交易会”实际上也是穆里耶兹家族内部沟通的重要平台。通过股权流动，有效化解股东之间的矛盾，促进家族及企业的永续发展。

不管是李锦记家族的“家族委员会”，还是穆里耶兹家族家族的“家族联合会”“家族顾问委员会”，其定位都是“家族内部的沟通平台”，职责都是为了促进家族成员的沟通交流，化解矛盾和冲突，解决家族问题。但是，建立平台只是第一步，平台建立之后，还要根据家族特点，制定相关的规章制度来约束家族成员在这个平台上进行有序的沟通，而不是无理取闹。例如，李锦记家族委员的议事规则中，将每个家族成员的行为分为“可接受的行为”和“不可接受的行为”

两类。可接受的行为包括——我们大于我、坦诚表达、建设性反馈、畅所欲言、积极争论、对事不对人等；不可接受的行为包括——负面情绪、一言堂、言行不一致、人身攻击等。在家族内部沟通中，一旦出现矛盾，通过划分“可接受的行为”和“不可接受的行为”来缓和气氛，让沟通顺利进行下去。

无论对于社会还是对于家族企业来说，家族首先作为一个利益共同体而存在，其次才是家族成员的个人利益。因此，家族成员之间的矛盾都属于内部矛盾，在血缘关系的前提下，是可以通过有效沟通和交流来解决的。即使通过沟通无法解决，也是可以通过钱来解决的。最重要的一点是，家族不能因为任何人、任何事而产生分裂。一套完善的家族治理体系，一个合适的家族内部沟通平台，是将家族成员紧紧凝聚在一起，彼此之间互相支持、共存共荣的重要手段。

所谓“家和万事兴”，建立家族内部沟通平台的主要目的，就是实现“家和”，然后才有家族企业的基业长青。

家族宪法：家族治理的根本依据

中国自古就有家族以家规、家训的方式来“整齐门内，提撕子孙”。流传至今的《颜氏家训》《温家公范》等都是中国古代知名的家训典范。直到今天，依然有许多大家族传承着先人制定的家训、家规，也有不少家族企业希望通过制定类似家训、家规的方式来治理家族。然而，以封建伦理道德观念为基础制定的传统家训、家规，一般都是以“训导”为主，并没有明确的赏罚机制，对于“分家”这样的事更是明令禁止。如此看来，这样的家训、家规显然已经不能适应新时期家族治理的需要。对于现代家族企业来说，明文规定的赏罚、财产分割制度，以及家族成员冲突矛盾解决办法等重要内容的“家族宪法”，显然更适合。

在世界范围内，能够传承百年以上的家族企业，往往都是得益于家族宪法的指引。所以，每一个希望家族企业永续经营、顺利传承的企业家，都应该认真制定一部世代流传的家族宪法。

《财富管理》杂志2015年10月刊中由法律科学博士龚乐凡撰写的一篇名为《洞见未来的传承智慧：家族宪法（上）》文章中曾提到：“作为家族企业领袖，应该未雨绸缪，担当家族未来的总设计师，建立一个有效而富有智慧的家族制度和文化，让家族和企业经得起百年风雨的考验。”

由于各家族企业的背景、文化、家族关系等不同，“家族宪法”制定的要求和框架也会有所差异。但总地来说，“家族宪法”的首要意义在于家族治理，解决家族冲突，确保家族关系的和谐与平衡，家族企业的稳定持续发展，有效维护家族成员的利益。

通过对大量传承百年以上家族企业的“家族宪法”进行研究，我们认为，一个完善的“家族宪法”至少应该包含五个方面：

（1）家族使命、愿景和价值观。

使命、愿景作为指引家族传承的方向，必须首先在“家族宪法”中提出。例如，李锦记家族宪法在其“家族宏图”中明确提出了家族的使命和愿景：延续家族；为中华民族创造历史；成为家族企业的典范。正是在这种“家族宏图”的指引下，李锦记家族通过家族基金平台建立了“代代有爱学习平台”，让大众学习如何与家人沟通，强化家庭关系等，为共建一个跨代共融的家族而努力。

价值观是一个家族精神的核心，是处理家族关系、制定企业发展战略的重要原则。在“家族宪法”中明确提出家族的核心价值观，有利于在家族内部统一思想。例如，穆里耶兹家族的家族格言是“每人每事”，强调每一个人都很重要，他们的每一个想法、做的每一件事都很重要，强调家族团队，尊重长辈、提携后代。李锦记家族的“思利及人”，表达的是做事先要思考如何有利于我们大家。这个核心价值观如今不仅成为李锦记家族的行为规范，更成为李锦记集团制定战略规划以及经营管理的重要理念。李锦记酱料集团主席兼行政总裁李惠中先生曾公开表示：“我们将一如既往地坚持‘思利及人’的核心价值观，争取为各利益相关方创造更多的价值。”

（2）家族成员的权利和义务。

家族成员的权利和义务是每个家族成员最为关注的问题，同时也是家族冲突的根源。所以，“家族宪法”的主体部分必须明确家族成员的权利和义务，为家族事业的世代传承提供依据。

家族成员最根本的权益就是分享家族企业的所有权和经营权。在家族企业中，家族成员的所有权和经营权一般都是通过股权来体现的。范博宏在其撰写的《交托之重》一书中曾提到：家族宪法里必须要有一个法律协议，即家族股东必须要接受的规范。明确家族股东的权利和义务，这是非常好的建议。至于家族股权具体如何分配，家族股东都有怎样的权利和义务，还要因家族而异，因人而异。

“家族宪法”在明确家族成员的权利时，同时也要明确家族成员对家族和家族企业应该尽的义务，通过硬性规定加强家族治理。义务包括两个方面：一方面是要怎样；另一方面是不要怎样。对于“不要怎样”的条款，“家族宪法”中还要有明确、具体的惩处制度。如，李锦记家族在“家族宪法”中的“三不准”：不准迟结婚，不准包二奶，不准离婚，尤其是违背了后两条就要退出董事会。

（3）家族接班人的培养。

为了使家族企业得到更好的发展和传承，“家族宪法”要明确家族接班人制度。一方面，要对家族成员的退休年龄做出明确规定。例如，穆里耶兹家族的“家族宪法”规定，最高领导人要在75岁之前退休。2006年，穆里耶兹家族的最高领导人、欧尚的创办人——杰拉德·穆里耶兹在他75岁的时候就被“家族委员会”要求退休。其次，上一代退休之后的交接班制度要明确，尤其是对下一代接班人的培养和接班条件，要做出硬性规定，以使接班人能够胜任未来的角色，进一步推动家族企业的发展。

（4）家族成员冲突解决办法。

随着家族的不断壮大，家族成员越来越多，家族成员之间免不了会发生大大小小的冲突。作为化解家族内部冲突的重要依据，“家族宪法”必须对家族冲突提出明确的解决办法和流程。若矛盾最终依然无法解决，为了维护家族内部的和谐以及家族企业的稳定发展，就只能请相关家族成员退出家族企业。对此，“家族宪法”也要有明确的退出机制，如家族成员退出前必须提前通知家族，股权必须在家族内部出售等。

（5）家族宪法的修订。

最后，没有任何一部宪法可以永久使用。随着家族以及家族企业的发展，家族治理的标准和制度也会发生改变。所以，“家族宪法”中必须明确规定如何修改制度以及相关流程，以使“家族宪法”在家族传承中不断完善。

需要重点提醒的是，为了避免“家族宪法”成为一纸空文，在制定之后必须进行有效推行。尤其是家族的最高领导者，要以身作则，进而由上而下推行。最为重要的是，要加强家族成员内部的教育和监管，通过教育培训和对“家族宪法”严格执行来进行推广。

02 亲戚与管理者的界定

家族成员在家族企业工作，甚至担任要职，可谓是家族企业的本质属性。然而，这种用人模式无疑对企业的现代管理会产生不利的影响。因此，家族企业在转型过程中，做好亲戚与管理者的界定，既不能“任人唯亲”，又要“举贤不避亲”。

家族成员任用：能力 + 努力

综合来看，家族企业通常都自带亲情属性。绝大部分家族企业的第一代创业者，往往都是在异常艰难甚至对未来完全不确定的情况下，抓住了转瞬即逝的机会，奠定了家族事业的基础。在当时的情况下，对于事业尚在起步阶段的家族企业来说，任用家族成员无疑是最好的选择——血缘、亲缘关系形成的亲人之间的信任和忠诚正是处在创业阶段的企业最看重的用人标准，同时，亲属之间“相互帮忙”的心态，使创业企业的用人成本也随之降低。我们甚至可以说，正是“任人唯亲”使家族企业获得了快速的成长壮大。

随着家族企业的发展，家族的组织结构也越来越复杂，原本较为单一的由几个家族成员组建的“创业团队”逐渐发展为两代人、甚至多代人共同参与的家族事业。而随着家族企业规模的不断壮大，企业管理难度也随之增加。原本因“任人唯亲”的方式使家族成员不管能力如何都可以在家族企业内任职的情形，明显阻碍了企业的发展步伐。那么，是不是要把所有的家族成员都请出企业，不允许家族成员在企业中任职呢？

“现代管理之父”彼得·德鲁克在《大变革时代的管理》一书中给出了家族企业管理的四条基本原则，其中第一条就是“家族成员一般不宜在企业里工作”。家族成员在企业中任职，容易导致人情、关系大于制度的情况，在企业内产生“自己人”和“外人”的差别，造成家族主义氛围。“外人”为了生存，会通过拉帮结派的形式来和“自己人”对抗，从而造成企业内部派系纷争，缺乏凝聚力。

当然，绝大部分的企业家也认识到了这个问题，但又碍于亲戚的关系，不能或者不想说“不”，就想随便安排一个职位给他们，就当养个“闲人”，而不管他们的能力如何。在这些企业家的认知中，“我只不过是安排我的侄子做个小助理罢了”。但是，在非家族成员的员工的认知中呢？

首先，老板的所有亲戚在非家族成员的员工看来，都是“高层管理者”。不为别的，只为老板的亲戚比他们有更多的机会和老板接触，甚至可以和老板坐在同一张餐桌前用餐、交谈。他们能够第一时间了解公司的动向，也有更多的机会和老板反映公司的情况。这种特权，即使是真正处在“高层管理”职位的非家族成员的员工也未必能够享受几次。

所以，即使你只是让侄子去做一个小助理，他依然是员工眼中的“高层”，不能得罪。当然，如果你的侄子能力突出、表现优异，并且品行端正、待人和善，靠自己的实力赢得了员工的认可和尊敬，那就另当别论。但如果你的侄子事情做不好，却借助你的关系狐假虎威，结果只会引发那些有能力又正直的“好员工”的不满，这股怒气最终都会归结到“任人唯亲”的老板身上。最终局面的是，要么员工离开，要么忍气吞声、满腔怨气的留下来，却再也不会努力工作。这并不是危言耸听，恰恰是大多数家族企业的现实情况。

其次，在非家族成员的员工看来，老板对他们不信任。哪怕你真的只是给亲戚一个面子，将那些亲属安排进了公司。员工依然会觉得，老板是因为对他们不够信任，所以才把“亲人”放在公司监督他们。家族企业要想吸引更多优秀人才的加入，留住人才，就必须和非家族成员的员工之间建立同样的信任关系，而不是单纯的家族信任。而“任人唯亲”的行为却是在“把信任扩大到整个企业”的路上树立一道障碍。当你晋升家族成员，而没有晋升非家族成员员工时，他们会觉得自己没有得到公正的待遇，不被老板重视和信任。这种糟糕的感觉会直接消耗掉非家族成员员工的忠诚度。

许多家族企业的老板都感叹，他们也不想“任人唯亲”，但是，相对于非家族成员员工来说，家族成员的忠诚度明显要高得多。很明显，他们把“忠诚”作为划分“自己人”和“外人”的标准，同时也作为了用人的标准。但是，他们却从未反思过，非家族成员的“不忠”根源有时候恰恰是自己，或者说是家族企业的管理模式和企业文化。

事实上，无论是家族成员还是非家族成员，忠诚都是相对的。即使是家族成员，如果他觉得自己不被信任、不被重视，是否还会保持绝对的忠诚，也是一个大大的问号。且不说历史上多少朝代因为皇位之争而兄弟相杀，就是现代家族企业中为了争权夺利，兄弟反目的情况也很常见。所以，作为家族企业的最高领导者，并不能单纯地凭借个人感情来判断下属的忠诚度，更不能仅仅以此作为用人的唯一标准。

任何一家企业，要想获得持续的发展，甚至基业长青，仅仅依靠一个人、一个家族的力量是绝对不可能的。但同时，如果完全把家族成员排除在家族企业之外，对于企业的传承和发展也是有利的。对于企业来说，最重要的是员工创造的价值，最需要的是“贤才”。最好的管理，应该是“举贤不避亲”。如果家族成员的确有非常出色的能力，而且立志于为家族企业服务，为什么要把他们排除在家族企业之外，迫使他们的才华为其他企业甚至是竞争对手服务呢？这是得不偿失的。

在前面我们曾反复提到的穆里耶兹家族，在对家族成员的任用上就非常注重能力，在培养、考验家族成员的能力上，有明确的制度。首先，家族成员必须接受家族内部教育，并顺利毕业，才有资格称为家族股东；其次，家族成员如果有意为家族企业服务，必须从基层干起，而且要付出足够的努力，并且表现突出才会得到晋升的机会。这项制度不仅防止了因那些没有能力的家族成员进入家族企业而带来的麻烦，同时也为家族成员成为合格的家族企业继承人奠定了基础。

家族企业的“家族”本身就是特色和优势，所以，没必要在谈“家族成员在企业中任职”就色变，更没必要将家族成员完全隔离，只要家族成员有才干、有能力又足够努力，就完全可以放心大胆地任用。而对于那些没有能力却又想在家族企业中谋职的家族成员，最好是用钱解决。这样，既不会伤害亲情，又可以避免对企业发展造成伤害。

关键岗位最好聘请专业人士

现代管理之父彼得·德鲁克在《大变革时代的管理》一书中提到的家族企业管理的四项基本原则，除在上一节提到的“家族成员一般不宜在企业里工作”之外，剩余三条基本上都和“非家族成员”有关：

※ 管理层中至少有一个高层职位由非家族成员担任；

※ 在家族企业中，越来越需要在关键的位子上安排非家族成员的专业人士，而这些非家族成员的专业人士必须受到平等的对待，他们在公司中有“完全的公民权”；

※ 当管理层在继承问题上发生麻烦时，把这个问题的决策权交给一个既不是家族成员也不是企业成员的外来者来决定。

“引进非家族成员人才”是家族企业在转型中，从家族管理模式向现代管理模式转变最重要的一点。在家族管理模式中，往往企业的所有权和经营权都由家族成员控制，而现代管理模式，则是企业所有权和经营权分离的企业管理制度。例如，在许多传承百年的家族企业中，企业的所有权由家族控制，或者由资本市场的信托机构控制，而经营权则交给更为专业的职业经理人控制。

德国千亿级工业巨鳄博世集团（Robert Bosch GmbH）是一家创办于1886年，至今已传承130年的家族企业。博世集团的创始人罗伯特·博世，在25岁时用父亲留下的一万德国马克遗产，创建了一家名为“精密机械和电力工程技术”的小公司，这就是今天博世集团的前身。除了事业，罗伯特的一生也非常传奇——经历了两次世界大战，中年丧子，离异，再婚，老年得子。因为没有合适的接班人，罗伯特在去世前还以81岁的高龄每周去办公室两三天。

1938年，罗伯特正式开始写遗嘱。他在遗嘱中表示，“我最看重的是公司可以被维护得很好，尽可能代代相传，一直保持金融独立，自治。”

在他离世前，“二战”还没有结束，无论是国家的未来还是企业的未来都充满了不确定性，而他的幼子只有14岁，他预见到小罗伯特无法胜任接班人的角色。所以，他在去世时，把家族企业的未来交给了最信任的7个人，组建了一个“委员会”，同时制定了一个决策系统。正是这个“委员会”帮助博世集团度过了最困难的时候。

博世家族的第三代继承人克里斯托弗在谈到祖父的遗愿时，说道：“他（祖父）的遗愿十分明确，只有专业的职业经理人才能领导这个企业，企业比家人重要。他很珍爱自己的家人，但是他也很明确，如果后人不能胜任，那不如就让职业经理人来管理企业。”

博世集团度过“二战”时的危机之后，博世家族仍然没有一个人可以胜任家族企业最高管理者的角色，但他们依然控制着博世集团的所有权，并扮演着对博世集团的监管角色。“基本的原则是，优秀的家族成员完全可以进入公司管理层，但他们不会因为是博世的后人而获得特权。”博世家族的第三代继承人克里斯托弗如是说，而他对“博世章程”解读为：有限公司，基金会和博世家族三权分立。

有限公司指的是罗伯特·博世工业信托公司；基金会指的是成立于

1964年的非盈利的博世资产管理有限公司，即后来的罗伯特·博世基金。所谓“三权分立”指的是，博世集团的所有权，控制权和经营权分立的管理机制。罗伯特·博世基金拥有博世集团93%的股权，是绝对的大股东，控制着博世集团的所有权，同时，也如罗伯特遗愿中提到的那样，它使博世集团“保持金融独立”，但是，基金会却并不拥有经营决策权。而新成立的罗伯特·博世工业信托公司对博世集团拥有93%经营决策权（投票权），也如罗伯特·博世的遗愿那样，它使博世集团“自治”，但这家公司只拥有博世集团千分之一的股权。而在控制权上，博世家族控制着博世集团7%的股权。

这种花费了22年时间才建立起来“三权分立”的局面，保持了家族企业和家族利益之间的平衡，使博世集团这一典型的家族企业，赢得了非家族成员人才的忠诚。博世集团在长达130年的传承中，博世集团只有6任CEO，除了罗伯特·博世本人之外，其余5任CEO均为职业经理人。正是职业经理人的忠诚使博世集团的高管层保持了绝对的稳定，也成为博世集团永续发展的绝对保障。

和博世集团传承经验类似的，还有日本的丰田公司、三井公司等均是聘请专业的职业经理人执掌家族企业的经营权，而且真正做到有职有权，因此，在这些家族企业中有不少员工都是两代，甚至三代人共同在公司任职。而家族成员虽然是企业最大的股东，却只进董事会，对企业的战略决策行使监管权，并不干涉企业的具体经营事宜。

所谓“专业的人做专业事”，合理引进专业、优秀的人才进入家族企业，壮大企业优秀的管理人才团队，丰富企业管理人才的层次，使人才增长和企业发展保持同步前进，这就是保证企业可持续发展的关键所在。

当然，人才引进之后，并不是说把他往岗位上一放就完事了，要想留住人才，让这些职业经理人对企业保持忠诚，企业家还需要花费一些心思。

首先，要逐步建立和完善职业经理人制度。一方面要有一个完善的激励机制，让优秀的职业经理人和家族成员共同分享企业利益。比如，向优秀人才开放股权，进行股权激励，这是对职业经理人的一种长期激励机制，可以保证职业经理人和企业共同成长。

其次，在家族企业中，尤其要注重对职业经理人的情感激励和信任激励。人和人之间的感情是相互的，只有你先付出真挚的情感、绝对的信任，对优秀人才进行情感投资，才能得到他们的忠诚和信任。正所谓“用人不疑”。善用人才的领导不仅给下属实职，还给他实权，而这是对下属最大的信任，也是最大的激励。

格兰仕作为中国家族企业中进行制度变革、转型成功的企业之一，其成功的最重要因素就是对专业人才的重视。格兰仕的创始人梁庆德认为：“人是格兰仕的第一资本。有高度事业心、责任感、使命感、认同感，与企业荣辱与共、同舟共济的人才是格兰仕的中流砥柱。”这句话化为格兰仕的企业口号就是：“格兰仕是格兰仕人创下来的，是每个格兰仕人的光彩。”

从长远来看，吸引人才、留住人才的前提是家族企业将所有权和经营权分开，使专业、优秀的人才加入家族企业之后能够有充分施展才华的空间和环境，而不是只有职务，却没有实权。这对于实现企业的持续发展是非常重要的。

私人关系绝不可凌驾于职务关系之上

家族企业在转型变革中的“皇族再造”，归根结底来说还是人情关系问题。大多数家族企业转型之后，往往都是家族成员和非家族成员同时存在于企业，极少有家族企业中全部都是家族成员或者全部都是非家族成员。在这种情况下，家族成员和非家族成员之间如何进行分工合作？如果家族企业的最高管理者同时又是家族的最高管理者，又该如何处理家族成员和非家族成员的关系？左手亲情，右手事业，怎么平衡？

以上这些看起来很复杂的问题，其实很简单，亲情的事属于家族的事，要在家族内部进行处理，凡是和企业发展相关的事，都是公司的事，没有个人的事，更没有亲情的事，都应该“按制度办事”。无论如何，私人关系绝不可以凌驾于职务关系，成为家族企业成长、发展的绊脚石。为此，无论是家族掌门人还是企业掌门人，都应该坚持三个原则：

（1）分清“公事”和“私事”。

作为家族和企业的领导者，身兼双重身份，必须分清个人和组织的界限。在企业中，无论面对的是家族成员还是非家族成员员工，都应该站在组织的层面去处理事情。而涉及到个人感情的事，则要在私下以个人名义去做。

张总是一家民营企业的老板，公司发展起来后，不少亲戚都提出进入公司工作，张总碍于情面，不好回绝，总是一口答应下来。这本是私事，但是，等到亲戚到公司报到时，他会让亲戚自己到人力资源部门报到，并接受人力资源部门的考察。如果符合公司的招聘条件并应聘合格，就可以根据人力资源部门的安排进入公司工作。如果人力资源部门认为张总的这个亲戚不能胜任公司的工作，就只能拒绝他进入公司。这是按照公事的流程来办的。但是，对于不能如愿进入公司工作的亲戚，张总一般都会买一些礼品亲自登门“致歉”，以化解亲戚心中的怨恨。对于一些的确在资金上有困难的亲戚，张总还会私下拿出自己的钱进行资助，而不是通过让他们到企业工作的形式进行解决。

家族亲情和现代管理制度之间的矛盾，几乎是每一个家族企业都必须面对和亟需解决的问题。对于企业家来说，如果不能分清公事和私事，在家里吃饭却指责儿子在公司没做好工作，在公司上班却随意动用企业资金帮儿子解决“小三”，只会使企业的管理更加混乱。

在这项原则之下，企业家必须坚定在公司只办公事，而且只按照公司的制度办事的做法，哪怕为此伤了亲情、面子，也不能破坏规矩。当然，公事公办之后，企业家完全可以以个人名义到亲友面前去打感情牌。

（2）分清“分内”和“分外”。

家族成员在企业中任意“干政”是引发家族企业管理问题的根源之一。所谓分内的事，指的是员工所在岗位的职责，即本职工作；分外，即本职工作之外的事。虽然，我们经常强调，员工要在做好分内的事之余，多做一些分外的事，但是，这种情况在家族企业中，只会适得其反。

许多家族成员在家族企业中工作时，不管任什么职位，都将自己当成企业的“主人”，随时随地都准备监管其他员工。

某家族企业的老板把他的妹妹安排到公司做销售主管助理。但她作为销售主管的助理，连销售数据整理这样的分内事都做不好，却总想着干预销售主管的管理工作。要么是跟销售主管反映某个销售员偷懒耍滑，要么是说销售主管的销售目标定的太低。甚至，她经常跟老板，也就是她哥反映销售主管的“劣行”。最终，业绩非常出色的销售主管因为无法忍受老板妹妹过于喜欢做分外工作而离职。

为了家族事业“操碎了心”的家族成员，大有人在。甚至在许多家族企业中，老板安排家族成员到企业中工作的首要目的就是让他们“监管”非家族成员员工。结果，家族成员非但没有做好自己的分内工作，还因为对分外事“干预”太多，而使大家的工作氛围变得紧张。当企业文化变成“人人自危”而不是“团结合作”时，企业的未来发展必然令人担忧。

作为企业的领导者，老板必须让家族成员明白，他在企业工作，只有员工一种身份，没有其他。作为一个员工，首先必须做好分内工作，为企业创造实际的价值。否则，他对于企业来说，就是毫无价值的存在，没必要占着企业的一个岗位，甚至是重要岗位，拿着不菲的薪水，却阻碍着企业的发展。任何一家企业，都绝对不能让私人关系凌驾于职务关系之上，否则，只会带来无穷无尽的麻烦。

（3）一切用制度说话。

企业家个人要充分认识到并告诉家族成员，无论是个人利益还是家族利益，都是建立在家族企业生存和发展的基础之上的。如果因为个人情感、家族亲情而影响到企业发展，最终伤害的还是家族利益。没有企业的发展，一切都是空谈。

企业作为一个复杂的组织，必须依靠完善的制度体系才能实现高效运转。任何人都不能以任何理由破坏制度的实施，这是家族企业变革管理过程中，必须死守的底线。把人情、关系、面子全部放下，把管理制度提升到首要位置，作为处理一切事务的依据和标准。

对于家族管理模式已经根深蒂固的家族企业来说，唯有通过硬性的、坚定的对制度的执行态度，才能强力改变家族成员员工在企业中的行为方式和习惯，创造相对公平的企业文化，使企业经营从人情关系中剥离出来，解开家族制的管理魔咒。

家族企业的传承与发展，即离不开家族成员的合力帮助，也离不开非家族成员员工的努力。所以，在进行“皇族再造”时，关键在于对家族成员价值观、能力、素养的提升和改造，构建公平、公正的企业氛围，而不是为了“去家族化”而“去家族化”，甚至完全将家族成员排斥在家族企业之外。

Chapter 5

权臣再造：

让老将和基业一起发展

企业发展壮大之后，那些曾经为企业的发展立下汗马功劳、与企业共同进退的老将，是企业的功臣，现在却可能不再符合企业发展的需要，该如何安置？为其谋权，不如为其谋利。借助功臣的经验优势，为他们创造更好的发展条件，保障他们的利益，远比让他们在家族企业内部担任高管却无法胜任要好得多。

案例解读：日本塚喜集团的“别家会”

成立于1867年，已经传承近150年的日本塚喜集团，是典型的日本家族企业。目前，塚喜集团已经传承了6代。

塚喜集团传承百年的秘密，一方面体现在其家训中，如企业办公室悬挂的“积善之家必有余庆”的匾额以及“一代艰辛创业、二代若饮茶享乐、三代就会街头沦落”的“三代教子图”等，都是塚喜集团世代传承的家训。除此之外，塚喜集团设立的“别家会”制度，对企业的传承与发展也起到了至关重要的作用。

根据塚喜集团第6代传人、现任总裁塚本喜左卫门的描述，“‘别家会’主要是由对公司做出巨大贡献的退休功臣、长老组成，约30位成员，他们对公司怀有很深的感情，每月举行一次定期碰头会，虽然并非每次都能全员出席，但能出席的成员都会对公司现状知无不言、言无不尽，提出各种意见、看法”。

“别家会”的老臣，作为塚喜集团的功臣，即使退休之后，也在发挥余热，为塚喜集团的发展操心献计。虽然他们没有实际的经营权，也没有塚喜集团的所有权，却在塚喜集团享有很高的权威——他们可以对塚喜集团的现任经营者和高管提出任何看法和建议，甚至是批评。而塚喜集团的现任经营层对于老臣们的意见往往也非常重视。塚喜集团的现任总裁塚本喜左卫门甚至说，自己每次面对这些老臣们的检阅时，都不免会有些紧张。

在“别家会”的会议室，还有一面“功臣墙”，挂满了塚喜集团历代功臣的照片。当然，只有为塚喜集团做出突出贡献的人才有幸将照片挂上“功臣墙”。如果公司有老臣去世，公司会出面为其修建“功劳者碑”，公司的现任高管和在世的老臣也会自发地组织前去扫墓、祭拜。

塚喜集团对于老臣的重视还远不止于此。塚喜集团在企业传承中必须坚持三个信条：一是要求接班者必须要将自己看成是先辈资产一时的管家、而非所有者；二是认为公司老臣比亲戚更加重要；三是要对玩世不恭、贪图享乐的后代想方设法进行“封杀”。这里，塚喜集团将老臣的重要性显然上升到了价值观层面。

（本案例根据新浪财经《塚喜集团：近江商人的三代教子图》一文整理，作者：蔡成平。）

01 从管理者到供应商

曾国藩说："功臣予以利，才人予以权。"对于曾为企业的发展做出突出贡献的功臣，无论是你的亲人，还是你的伙伴，当他年龄大了，不能再为企业继续服务，或者是他的观念、能力跟不上企业发展的步伐，那么，就论功行赏，给他足够的资金、资源，帮助他创业。

发挥老将优势，拓展上下游产业链

企业传承最重要的是进行革新和发展。一个企业若要革新，必须进行体制的改革。在企业进行体制改革的过程中，有一些特殊的人群需要精心安置，而创业元老可谓是企业中最特殊的人群。

创业元老为公司的发展立下过汗马功劳，他们在企业成立初期的恶劣环境下勇挑重担，在与企业家患难与共的日子里，建立了特殊的感情。那么，企业要革新，这些曾为企业做出重大贡献的元老该如何安排呢？

首先，我们从两个角度分析一下元老和企业的不同需求。一方面，对于企业来说，随着企业的发展和市场环境的变化，创业元老由于种种原因跟不上企业的步伐，在企业里，往往出现拖后腿的现象。从创始人的角度来说，创业元老是和自己一路打拼过来的，感情放在那里，即使没有太大的功劳也有苦劳。更何况，能否妥善安置创业元老，还关系到创始人以及接班人的声誉和企业内部稳定，如果不能妥善处理，有可能导致人心涣散，对留住和引进人才起到负面作用。

企业要想发展，肯定要拓展产业链，而这些产业链同样关系到企业的生死存亡。因此，选择哪些合作伙伴也成了企业最亟需解决的难题，首要条件就是要与企业的发展共进退，而创业元老们无论是忠诚度、可控性还是开疆拓土的能力都是企业最好的选择。

另一方面，对创业元老来说，他们拼死拼活的为企业付出那么多的精力和心血，就是想要“老有所养，老有所依”，得到应有的尊重。虽然在企业做大以后，创业元老会表现出目光短浅、居功自傲、恶意抱团等种种消极现象，但是，他们毕竟是和企业一起成长起来的，对企业的感情并不比企业主少多少。所以，面临企业的改革发展，他们也想发挥余热。从另一角度来说，他们所表现出的对企业的消极影响，除了想要守住自己的利益以外，还有就是他们找不到自己该干什么，猛然间发现自己对这个企业不能再做点什么的时候，这种大起大落让他们从心理上很难接受。

所以，无论是从企业的发展角度来说，还是从创业元老的利益以及心理角度来说，企业主想要妥善安置好这些一起打江山的老将，最好的解决方法就是给他们第二次创业的机会，让他们“老有所用”。

广东有一家企业，是做家具生产的，在企业创始阶段，除了企业主的家族成员，还有企业主的四个朋友，分别负责企业的原材料采购、市场营销等。在企业主和四个朋友的共同努力下，企业规模逐渐扩大，发展到2013年经营额已经突破百亿，员工过万人。

2013年，企业主65岁，他的四个朋友比他小几岁都还没到60岁。企业主感觉自己已经力不从心，开始着手让自己的儿子接管企业。在企业的传承过程中，其他方面一切都很顺利，只是这些元老如何安排却成为了最头疼的事情。分给元老股权，让他们退出经营颐养千年？把他们调离重要岗位，担任一些闲职？……这些都不失为比较稳妥的解决创业元老如何安置的方法。

最后，讨论来讨论去，企业主总觉得没有一种方案是完美的。在公司内部为了创业元老如何安置争论不休的时候，企业的经营突然陷入困境。上游供应商环节出现问题，公司产量受到严重的影响，产量跟不上，下游经销商的订单无法按时发货，经销商牢骚不断，有的甚至开始着手准备和公司解除经销协议。

企业可谓是内忧外患，公司不得不开始重新寻找上下游的合作伙伴，企业主和接班人一时忙的不可开交。经过和一些上下游企业的沟通、谈判，企业主了解到原因所在，是一些竞争者为了争夺市场份额，联合上游供应商的恶意竞争行为。

正当企业主为了如何解决困境一筹莫展的时候，公司中的一位创业元老提出了一个两全其美的建议。他自己退出公司管理，重新创业，建立一个服务于所在企业的上游供应商企业，自己占大股，公司可以投一部分钱占小股。如果这样，企业既能解决了面临的原材料供应困境，又可以妥善的安置好这些创业元老。

最后，企业主采取分配股权和帮助创业相结合的方法，让这些创业元老继续拥有企业的一部分股权，退出企业的经营管理，同时，企业拿出一部分资金帮助这些创业元老重新创业，发展和企业上下游相关的产业。

上述这个案例中，创业元老不仅得到了妥善的安置，没有给企业带来任何不好的影响，同时还帮助企业解决掉了发展道路上最大的障碍。

所以，在企业的传承以及发展的过程中，如果能够有效的发挥“老将”优势，创业元老不仅不是企业发展的障碍，还可以是企业发展的最大助力。企业可以进行多元化的拓展，让创业元老离开企业，开拓企业的上下游产业，激发他们重新创业的斗志。这样，通过创业元老拓展上下游产业，让创业元老和企业一起发展，无论是企业的发展需求，还是创业元老的需求都可以得到最大的满足。

全方位辅助：资金＋业务＋人才

企业要想发挥老将优势，帮助自己拓展上下游产业，光是业务支持肯定是不够的，资金支持和人才支持也是不可或缺的。

（1）资金支持。

企业利用老将拓展上下游产业，资金是首要的保障。首先，作为企业的老将，为企业立下过汗马功劳，让这些老将退出企业的核心管理必然要给予足够的利益。而这些利益，最直接也是最好的给予方式便是资金。一方面，作为企业主，让老将们退出和自己一起打拼的企业，如果足够的补偿就可以让他们退出，自己的心理也过意不去，毕竟是跟随自己多年的战友，不完全是为了钱。战友要第二次创业了，而且是和自己企业相关的产业，如果不给予资金的支持道义上又说不过去。另一方面，作为企业主的战友，老将们的能力和忠诚是毋庸置疑的，同时，老将们对管理和资金的运用还是有一定能力的，企业主把资金投给他们，相比较给别人更放心。

其次，确定了资金支持以后，就必然要考虑资金投入的方式以及回报。首先，拓展企业的上下游企业是企业帮助老将第二次创业，是以老将为主导的。那么，在资金投入的方式上面就有两种方法，贷款或者是购买股权。借款就是企业无偿或者有偿的贷给老将们拓展上下游产业的资金，到期归还贷款本金或者贷款本息。这里不需要企业参与老将的经营管理以及利益分红。购买股权是企业拿出资金以投资的方式支持老将拓展上下游产业，资金支持的条件是拥有一部分股权，获得相应的收益。

有一家做白酒的企业，在企业改革的时候对一些创业时期的元老所采用的安置方式就是支持他们进行第二次创业，拓展企业的上游产业酒瓶和包装的生产。当时，每个项目大概需要4000万元的资金投入。在资金支持方面，企业做了两种方案。第一种方案，企业对每个项目投资1000万元作为启动资金，无偿给予使用2年，到期后一次性还清。第二种方案，企业对每个项目投资2000万元，要求持有40%的股份，享受股权收益。

（2）业务支持。

业务是任何企业得以生存和发展的基础，如果没有业务支持，企业支持老将拓展上下游产业将会是一句空话。既然是拓展企业的上下游产业，业务是现成的，企业在业务支持方面也是最重要的。但是，在业务支持方面也一定要注意几个问题。第一，企业在采购方面一定要采用竞价机制，要跟随市场的价格来定价，不能盲目的支持；第二，不能仅仅限定这些产业只为自己服务，要让它们发展其他企业的业务，但要以企业的业务为主。

有一家企业，它的一个原材料的供应商就是企业的创业元老。企业为了支持这位元老第二次创业，把一部分原材料的供应签给了这位元老。开始的几年时间里，这位元老的原材料的价格和市场基本相同。几年后，企业也就终止了和其他几位供应商的合作，把原材料的供应全部包给了这位元老。

但是，没多久，这位元老利用原先在企业的关系，背地里抬高原材料的供应价格。因为已经不再采用市场竞价机制，也失去了别的供应商，企业以高价购买这位元老的原材料达两年多没有发现，遭受了近千万元的损失。

最后，企业与这位元老终止了合作。企业本来给与元老业务支持是一件好事，最后却因为没有控制好，落个好心没好报。

（3）人才支持。

作为管理者，大家都知道人才才是企业最大的财富。企业在对老将拓展上下游产业的人才支持体现在两个方面：一个方面是帮助解决用人问题，作为一个新创的公司，解决了钱和业务的问题，剩下的就是人的问题，一般新创的公司招人比较难，更何况是人才；另一方面，老将作为企业的元老，在企业工作那么多年，有一些自己培养起来的人才，如果能带着这些人一起创业，对企业和个人来说不失为两全其美的选择。同时，对企业支持的人才有一定的了解，可以有效的缩短试用期限，上手比较快。

我认识一个企业家，在谈到对企业老将拓展上下游产业时就比较注重人才支持。他说，对于一个新创的公司，人才的支持是最大的支持。他在创业初期，就因为没有可用的人才，所有的大事小事都得自己亲自过问，不仅自己整天累的要死要活的，企业还因为缺乏人才管理走了很多的弯路。他说，现在想想，当初就应该不惜一切代价挖几个人才过去。

人们常把对一个人或者一件事的全力支持表达为“要钱给钱，要人给人”。对于一个创业者来说，资金、业务、人才是最根本的需求。企业要想帮助老将拓展上下游产业，让其跟企业一起发展，就应该从资金、业务、人才等全方位给予帮助。

02　从经理人到企业顾问

如果你不忍心或者不想让功臣卸甲归田，当然可以让他继续留在企业中。但是，他们手中的管理权必须收缩或者干脆彻底收回，不要让他们的短处成为阻碍企业发展的“绊脚石”。还有一个最好的方式是聘请他为企业顾问，让他的优势继续为企业服务。

内部培训师：传承技术与经验

企业内部培训师是指企业内部自己的培训导师，主要是由企业内部有一定的资历和丰富经验的人员担任企业培训课程的开发以及授课。企业内部培训师在企业的经营管理以及技术创新方面起到很大的作用，他是建设学习型企业的引导者。

一般来说，企业内部培训师最好是从企业的内部选拔或任命。作为功臣，无论是经验、技能，还是忠诚、能力，企业的老将无疑是最好的人选。那么，企业如何把老将打造成内部培训师呢？

首先，企业要详细的分析企业内训师所必备的特质，然后，对老将具备的特质加以强化，对老将没有具备的特质，企业要有针对性的培养。

（1）对工作的态度以及个人品质。

作为一名企业内部培训师，最重要的一项品质是忠诚。企业内部培训师是跟随企业一起成长起来的，所授课程是随着企业的发展战略的变化而有针对性的开发出来的。企业内部培训师一般都熟悉企业的内部管理，并且掌握着企业未来发展的战略和规划。所以，企业内部培训的忠诚度非常重要，如果内部培训师的忠诚出现问题，企业的机密就会面临着泄漏的风险。

作为功臣，企业老将是和企业一起成长起来的，个人的命运与企业的命运息息相关，个人的利益与企业的利益是一荣俱荣、一损俱损的关系，因此，对企业的忠诚是毋庸置疑的。同时，即使不做企业的内部培训师，同样掌握着企业的管理机密以及发展战略。所以，在忠诚方面，企业老将是最合适的人选。

作为一名企业内部培训师，除了要具备最重要的品质——忠诚外，还应该具备高度的责任心以及奉献精神。高度的责任心和奉献精神是帮助企业培养人才的前提条件。如果一个内部培训师连责任心和奉献精神都不具备，可想而知，他培养出来的人才肯定不会是企业想要的人才。

企业的功臣，顾名思义，是有功之臣，是为企业立过功劳、做出重大贡献的人。从企业的发展历程可以看得出来，这些功臣肯定是有高度的责任心和奉献精神的。

讲到内部培训师的责任心和奉献精神，我曾经听过这样一个小故事。

> 某企业的一位元老，在企业进行改制以后就退了下来。但是，这位元老对企业的感情非常深厚，每个星期，他都会到企业逛逛，总感觉自己还能为企业做点什么。
>
> 有一段时间，企业从外面招来一位培训师，为企业做内训。有一天，这位元老路过培训课堂的时候了解了这件事。他主动找到负责内训的部门，要求自己也参加培训课程，说他也想多学习学习，反正也没别的事可做。部门领导请示过企业负责人以后就同意了他的要求。
>
> 接下来的一段时间，这位元老就像普通的员工一样，每天准时参加培训，认真听课。外聘培训师的课程结束以后，这位元老认为这样的课程对企业有很大的帮助，培训师讲的很多东西自己都有掌握，也从外聘培训师身上学到了一些自己不具备的东西，同时，自己的经验甚至比培训师更要丰富。他认为自己比外聘培训师更有优势，完全可以胜任公司的培训任务。所以，他就主动找到了企业负责人，要求自己无偿的为企业员工进行内训。

（2）作为内部培训师所具备的专业素质。

内部培训师的工作内容是进行传道授业、帮助企业提高竞争力，所以，他需要具备一些普通管理者所没有的能力。

① 课程开发，讲授的能力。企业的功臣一般都做过制定企业管理、

战略以及组织和实施日常工作计划等，对课程的开发也有一定的基础。同时，企业功臣是除了企业主之外最了解企业内部情况的人之一，他们所开发的课程会更加贴近企业的需求。

如果说在教学的基本技巧和方法这方面，企业功臣有所欠缺的话，是需要企业进行着重培养的。

② 沟通、协调和控制的能力。作为一个企业内训师，与员工和各部门的沟通、协调和调研，组织员工学习是最基本的工作任务。内部培训师在组织员工进行培训的过程中会遇到各种各样的问题，有不愿意参加的员工，也有没有时间参加的员工等，这些都需要内部培训师进行沟通、协调。所以，较强的沟通、协调能力是培训师所必备的能力之一。

在培训的过程中，最难做到的是对现场的掌控。现场掌控的好，培训的效果会事半功倍，现场掌控的不好，培训有可能无法进行下去。

企业功臣有过去在企业工作的经历，在与员工和上下级以及各部门的协调沟通方面是没有任何问题的，只会比外部培训师做的更好。所以，企业内训师所要具备的沟通协调能力，企业功臣是有优势的。

③ 专业技能和经验。企业进行内部培训最终的目的是提高员工的专业技能，激发员工的学习兴趣，提高企业创新能力以及增加企业的竞争力。企业内部培训师要想完成任务，就必须拥有比员工更扎实的专业技能以及更丰富的工作经验。

企业的管理者都知道，企业发展最大的障碍一个是专业技能的落后，另一个就是经验教训的缺失。技能和经验的积累又来自于工作中日积月累的沉淀，特别是因犯错而带来的宝贵经验，这些都需要内部培训师有着资深的工作经历。

企业的功臣是和企业一路摸爬滚打成长起来的，有关企业生产经营的经验教训、专业技能都是他所经历过的或者已经具备的。但是，一些最新的管理和技能方面的知识是企业功臣所欠缺的，这是需要企业提供学习机会予以进一步培养的。

配合工作：传承人脉与资源

在当下这个资源整合的时代，企业寻求稳定和发展的途径除了自身的创新以外，人脉资源是企业最大的发展助力。可以说，人脉资源是一种潜在的无形资产，它在企业的发展过程中起到了关键性的作用，是企业的潜在财富。

罗斯福曾说："成功的第一要素是懂得如何搞好人际关系。"把这句话运用到企业的发展中就是，企业要想成功，首先必须要搞好人际关系。一个成功的企业，除了它的经营战略是成功的，良好的人际关系也是其成功的因素之一。

企业的传承不仅是财产的传承，更是人脉关系的传承。在中国，企业的人脉关系传承不仅要传承商业合作伙伴的人脉关系，政府职能部门关系的传承也尤为重要。

海鑫集团从山西最大的民营企业，到2014年宣布破产，除了因为继任者的能力有关以外，另一个重要原因是没有处理好人脉关系。

李兆会接班以后，发生了一系列的企业内讧，先后把企业的众位元老排挤出海鑫，使得企业的人脉没能得到传承。他自己却对企业不管不问，企业的员工、合作伙伴常见见不到他的身影，就连地方政府以及相关管理部门也很难联系到他。海鑫集团的一位合作伙伴曾说："抛弃海鑫集团的，不是市场，是李兆会自己。”闻喜县经贸委的一位中层干部曾说过：“闻喜人都知道，李兆会对钢铁业务根本不感兴趣。一年中的大部分时间他都在北京、上海等地，很少回闻喜。海鑫钢铁的高层都很难见到他一面，供应商和政府领导更是对他的行踪毫无了解。”

从海鑫集团的破产，我们可以看到，人脉对企业来说是至关重要的。海鑫集团没能维护好企业发展的人脉关系，不仅仅是李兆会不懂得经营人脉，更重要的是他没有利用好元老的辅佐来传承人脉资源。

企业元老和创始人一起出生入死，他们在企业的经营中基本上都冲在了最前线，在多年的发展中，都积累了一定的人脉关系。企业的继承者如果能够得到元老的配合，把元老的人脉关系传承下来，企业未来的潜在无形资产也得到了传承，发展道路将更加宽广。同时，人脉关系得以继承后，企业在未来面临经营危机时也会得到很大的帮助。

香港新鸿基地产在企业内部设立了一个专门的执行委员会，人员的构成除了郭氏家族成员以外就是几位企业的元老。设立执行委员会的初衷就是利用这些元老的影响力以及人脉，处理当时郭氏兄弟涉嫌贿赂给企业带来的危机，以期利用元老的人脉把企业的不利影响降到最低，来稳定企业内部的军心。

后来，新鸿基把元老辅佐定为了企业传承的辅助策略，第三代的郭基辉和郭颢澧等兄弟也实施了元老辅佐策略，以期把企业的人脉和资源继承下来。

很多的企业在传承的过程中，都注重利用元老辅佐进行人脉资源的传承。因为人脉资源是企业无形的资产，它不是能摸得到的资源，不是能通过合同的约束得以传承的，它的传承需要通过资源的掌握者通过言传身教等方式进行传承。

李嘉诚就很重视人脉资源的传承，他自己不仅是经营人脉的高手，还培养儿子们建立人脉关系。在实施传承计划的初期，李嘉诚就精心选择了几位老臣辅佐培养两个儿子，希望把其良好的人脉资源财富传承给儿子。

企业要想元老配合工作，传承人脉，要注意一些方式方法。

首先，继承者要给予元老合适的身份，最好是师徒关系。继承者要以学生的身份自居，要给予老师足够的尊重。老师是传道授业、解惑之人。师徒关系是中国传统伦常中最重要的非血缘关系之一。从心理上来说，继承者给予辅佐元老以老师身份，元老得到了充分的尊重、爱戴。从社会责任来说，老师要对徒弟爱护，富有责任感和义务感，急学生之所急、忧学生之所忧。所谓“一日为师，终生为父”，继承者把自己和辅佐元老定位师徒关系，元老才能无所顾忌的把人脉资源传承给继承者。

其次，彼此建立信任。无论是合作伙伴关系，还是师徒关系，信任是互相依赖的基础。任何关系只有建立在信任的基础上，才能长期、持久的维持下去，彼此之间才能开诚布公。信任他人就必须要承受易受伤害的风险，所以，只有建立了信任的关系，元老才不会有心理的不愿意或者害怕“教会徒弟，饿死师傅”的担忧。

再次，企业要建立辅佐机制。两个人或两个人以上的活动都称为组织活动，所以，企业要想有效地实施元老辅佐继承人脉的工作，就需要建立相应的组织制度，也就是辅佐机制。辅佐机制要明确双方的责任和义务：辅佐者的工作职责是什么，工作内容是什么，该干什么，不该干什么；被辅佐者有哪些责任和义务，需要怎么做才能维持、平衡权力和关系。

最后，企业要给予元老足够的利益，建立有效的激励机制。利益是产生一切社会关系的根源，无论是物质还是精神上的。所以，有效的激励机制是元老辅佐工作的动力来源。人们常说，没有建立不起来的合作关系，只有利益的分配是否合理。

好莱坞流行一句话：一个人能否成功，不在于你知道什么，而且在于你和谁在一起工作。企业的成功一部分来源于元老的付出，可以说元老也是企业的成功人士。继承者得到元老的支持，就会得到元老身边的人脉资源，是走向另一个成功的开始。

经验交流：优化企业管理制度

企业管理制度是随着企业的发展逐步完善起来的。企业发展的各个阶段所需要的管理制度也是不同的，当企业进行改革或者转型时，企业的管理制度也需要做出相应的调整、优化。

在企业中，管理制度一般是总经理办公室拟定，工会提供建议，董事会制定。这也就是说，企业管理制度的制定首先需要管理人员的参与，其次需要全体员工的参与，企业管理制度不仅是为企业管理者提供管理的依据，还需要得到员工的认可。

企业管理制度要适合企业的经营以及发展。企业要发展，就需要进一步优化原有管理制度，新优化的管理制度不仅要保留原先好的传统，还要有新的管理理念加入。所以，参与优化企业管理制度就要由有足够管理经验的管理者，因为他们对企业有足够的了解。

企业的元老就是很好的人选，不仅从管理经验还是对企业的了解程度来说，元老占有非常大的优势。

首先，企业元老是企业昔日的管理者。作为企业昔日的管理者，元老对于企业的内部情况了如指掌。一方面，企业元老在昔日的管理中积累了足够的经验。企业元老一般都是随着企业的发展壮大、组织结构的增加而逐渐从基层岗位走到更高管理位置的，这样无论是对于最基层的业务工作还是高层的管理工作都有足够的经验，甚至在对一些基层的管理上面比企业主经验更丰富。众所周知，任何一个组织的最顶端都是抓全面工作的，掌握着组织活动的方向，下面一层才是抓各个部门具体的管理工作。在组织中，企业主抓大的方向、制定企业战略，企业元老就是抓具体管理工作的。另一方面，在企业的中低层人员培养过程中发挥过重要作用。大部分元老都有自己培养的中低层人员，这些人员现在担任了企业中低层管理的职位，在与中低层管理者以及底层员工的沟通上面不存在什么问题。

其次，企业元老是企业发展的践行者。企业元老一般是企业战略计划的执行者。在企业不同的发展阶段，企业元老扮演着不同的角色。在这些计划执行的过程中，企业元老积累了足够的经验，他们知道在不同的发展阶段，企业制定的战略规划该如何进行实施，当然，这些经验还包括生产技术的创新经验，以及管理制度的创新经验。企业管理制度的创新是一个复杂的工程，最难的问题是如何让新的管理制度深入人心，得到全体员工的认可。所以，企业元老作为企业不同发展阶段战略规划的践行者，积累了足够的管理和实施经验，这些都为新阶段的优化管理制度工作提供理论和实践依据。

最后，企业元老还拥有员工的身份。企业元老不像企业主只是企业的所有者和管理者一种身份，他不仅是企业的管理者，还是企业的被管理者。作为管理者，企业元老深知什么样的制度是符合企业主的利益，而作为被管理者，企业元老也深知什么样的制度符合员工利益。

所以，从企业的利益出发，企业让元老做顾问，参与优化企业管理制度是最符合企业利益的选择。那么，企业需要为元老做哪些工作呢？

（1）成立专门的顾问委员会，授权授责，利益捆绑。

首先，成立委员会就是要给元老一个合理的身份，一个工作的保障。其次，企业要对委员会充分授权，为企业元老对管理制度的改革提供人力、物力和财力上的支持。企业还要充分授权给元老可以对企业的管理制度进行调研、制定和实施。并要求全体员工积极配合，最主要的是企业主要配合。同时，企业要为元老以上行为提供充足的物力和财力保障，要做到该花的钱一分都不能少，打消元老顾虑。最后，企业要对企业元老的工作进行考评、给予激励，要肯定他们为企业做出的贡献。

（2）提供学习先进管理理念的机会。

企业元老虽然有着丰富的管理经验，但是先进管理理念的欠缺是他们的短板。企业要想让元老参与企业管理制度的优化，就需要弥补他们这些方面的缺失。弥补缺失的最好方法就是学习，跟具有先进管理理念的企业学习，跟掌握先进管理理念的培训师学习……所以，企业要为元老提供学习的机会，学习的资金保障。

（3）搭建经验交流的平台。

搭建经验交流的平台是企业传承的重要组成部分。经验是企业最宝贵的财富之一，特别是失败的教训可以帮助企业在未来少走很多的弯路。同时，经验的交流、碰撞也是企业优化管理制度的必要条件。企业优化管理制度的过程，其实就是总结经验教训，保留适合企业发展的制度并加以创新的过程。所以，搭建经验交流的平台对元老优化企业管理制度尤为重要，是更新旧的观念、创立新的管理理念的保障。同时，搭建经验交流平台还可以有效的限制企业元老在优化管理制度时一意孤行等行为。

深圳的一家企业，在进行第二代传承时，就成立了专门的企业顾问委员会辅佐接班人的工作，顾问委员会的成员大部分都是企业的老臣，小部分是企业现职管理人员。

企业为顾问委员会提供专门的办公场所，制定了单独的薪酬制度。顾问委员会的职责是对企业的经营管理提供建议和意见，主要任务是负责企业文化的建设，特别是企业管理制度的优化、创新。

Chapter 6

文化再造：

激活基业长青的基因

优秀企业文化的缺失，往往是导致家族企业短命的原因之一。随着企业内外部环境的变化，以血缘、亲情为基础建立的传统家族企业文化往往很难支撑家族企业的持续发展。唯有对企业文化进行创新再造，创造出具有持续凝聚力的文化氛围，建立强有力的企业文化，才能实现家族企业的永续发展。

案例解读：日本丰田家族企业的文化

丰田汽车公司是日本典型的家族企业，创建于1937年，至今已传承了76年。在日本，丰田家族经常被人们称为“另一个皇室家族”，因为它们控制了日本国民生产总值的3%左右。《今日美国》这样评价丰田：“丰田不只是一家汽车公司，也代表一种智慧境界。”作为家族企业，丰田汽车公司的成功，与其独特甚至带有一些传奇色彩的企业文化密不可分。

丰田汽车公司一直以来，都非常重视企业文化的建设。丰田家族传承近百年的荣耀背后，优秀的企业化同样是重要的因素之一。世界知名的“丰田纲领”中这样写道：

事业在于人；上下同心协力，忠实于公司事业，以产业成果报效国家；潜心研究与创造，不断开拓，时刻站在时代潮流的最前端；切戒奢侈浮华，力求朴实稳健；发扬友爱精神，以公司为家，相亲相爱；尊崇神佛，心存感激，为报恩而生活。

该纲领蕴含了丰田汽车企业文化中，重视人才、力求创新、团结进取的精神。正是在这种企业精神的激励下，丰田汽车公司的员工忠于职守、拼搏进取，不断创新，不断提高工作效率，创造出了非凡的业绩。

就“潜心研究与创造，不断开拓，时刻站在时代潮流的最前端”这一点来说，丰田的创新精神不仅体现在技术突破、研发新车等方面，还顺应日本市场小批量、多品种的需求创造了“丰田生产方式”。该生产方式，不仅改变了日本工业企业的生产方式，甚至在全世界也产生了极为深远的影响。而丰田汽车公司前副社长大野耐一也因此被称为“日本复活之父”和“生产管理教父”。

原丰田汽车股份公司董事长奥田硕曾说过，“丰田家族就是丰田集团的向心力”。可见，团队精神在丰田企业文化中的重要性。在团队文化建设方面，丰田强调的“发扬友爱精神，以公司为家，相亲相爱”，不仅体现在自上而下的精神面貌和处事方式上，还体现在了管理机制上。如丰田汽车公司的创始人丰田喜一郎曾说过：“一辆汽车要用几千个零件，缺了其中的一个，就造不出完整的车。把这一切凝聚到一起，不是件容易的事情。如果不能实行完全的统制，那么，即使零件堆成山一样高，也造不出一辆车来。”为此，他制定了一系列的加强团队建设的制度——“尊重生产第一线员工的意见”“提合理化建议制度”等。

丰田汽车公司通过加强企业文化建设和创新，使员工树立了主人翁意识，充分调动了员工参与到企业管理和技术革新的活动中来，使企业的生产和经营永远保持旺盛的生命力。

01 激活创新文化基因

这是一个瞬息万变的时代。市场的变幻莫测，促使每一个想要获得永久生命力的企业都必须注入创新的力量。唯有不断创新，永远走在时代的前端，才能抢得先机。这是家族企业保持变革能力的关键，更是家族企业永续发展的关键。

创新是企业永恒的主题

在企业的经营活动中，创新是指企业利用现有的知识和物质，从而改进或者创造新的理念、产品、制度、文化等，使得企业的生产经营满足社会需求，不至于在激烈的市场竞争环境中被淘汰。

“大众创业，万众创新”不仅仅是个口号，更是21世纪时代精神的精髓。现在，企业依靠成本低获得高收益的时代已经过去，创新成为企业发展的永恒主题。

（1）创新是企业生存的前提条件。

福特公司创始人亨利·福特说：“不创新，就灭亡。”在市场经济条件下，尤其是在经济全球化、一体化的竞争环境中，要想拥有适应市场瞬息万变的能力，企业只有不断地创新才能不会被市场所淘汰，才能在激烈的市场竞争中立于不败之地。

目前，中国的社会正处在快速发展时期，人们的生产生活需求不断发生着变化。所以，企业的生产经营活动不仅要满足客户当前的需求，还要抓住客户的潜在需求。从市场角度出发，市场是动态变化着的，一些企业之所以在市场经济的大潮中昙花一现，最重要的一点原因是没有面对市场瞬息万变的持续创新能力。相反，那些成功的企业之所以能够很好地生存下来，就是因为它们能够跟上市场的步伐，创新能力比较强。

“汽车大王”亨利·福特，把美国甚至世界带入汽车时代，开创了一个汽车的神话。但是，后来由于福特缺乏持续创新的产品，使得公司一度濒临破产。

亨利·福特是一位农场主的儿子，从小就富有创新精神，尤其对鼓捣机械兴趣浓厚，长大以后从事的工作也与机械相关。年轻时，他从事过机械修理相关的工作。32岁时，他的第一辆汽油机汽车研制、试验成功。

在两次办厂没有成功的前提下，亨利·福特总结失败的教训，并加以创新，最终在1903年，亨利·福特以股份制的形式与别人合伙成立了汽车公司。公司成立以后，亨利·福特自主研发的几款不同性能、不同型号的汽车都取得了很好的销售成绩。

最成功的一款车型是简单、耐用、低价的“T”型汽车。亨利·福特出生在农场主家庭，对农民的汽车需求比较了解，因此，操作简单、坚固耐用、价格低廉的汽车得到农民客户的热捧。而正是由于创新生产出“T”型车，福特汽车也一度占据了世界汽车市场将近七成的份额。

在福特汽车厂生产经营的过程中，亨利·福特也在不断的创新管理制度，他把每天工作10小时，薪酬3美元提升到每天工作8小时，薪酬5美元。这项工作时间和薪酬的创新，使得福特公司招来了大量的熟练工人，很大程度的提高了生产效率。后来，亨利·福特还发明了世界第一条“生产流水线”，并提出了“科学管理”的新理念。

但是，在福特家族获得了一定的财富后，亨利·福特的创新却逐渐走向了教条化。20世纪二十年代，美国经济大幅提升，社会物质水平提高，人们的生活水平也相应提高。但是，亨利·福特却认为社会仍停留在勤俭节约的生活状态，继续大量生产“T”型车。而事实上，这种坚固耐用的车型，因油耗过大、排气量大等原因，已经不能适应日益紧张的石油供应市场，以及趋于完善的环境保护法规，更不能满足美国民众对速度、造型和个性化的需求。

当时还有一个小故事，亨利·福特不仅没有采纳儿子提出的低能耗、小型轻便车型的建议，还亲手用斧子劈毁了儿子的新车型。由于亨利·福特没有因应市场环境而加以创新生产，在20世纪七十年代的石油危机中，福特汽车几乎面临破产。

这个故事也是“不创新，就灭亡”这句话的由来。

因亨利·福特没有坚持创新，使得企业濒临破产的案例告诉我们，创新才是一个企业得以生存的前提。

（2）创新是企业可持续发展的源动力。

企业可持续发展是指企业在生产经营的过程中，既要追求经营目标的实现，又要保持领先的市场地位和未来持续盈利的能力，以保证企业在长时间内基业长青。也就是说，企业要想可持续发展，就要持续不断地提高自己的市场竞争能力。

如何持续不断地提高企业的市场竞争能力？这就需要企业从科技、机制、经营理念等方面不断地进行创新，以适应不断变化的市场需求。只有不断创新的企业，才能保证企业的可持续发展。

相信大家对柯达和富士这两家胶卷巨头企业都不陌生。

20 世纪初，柯达在中国的市场份额是富士的两倍左右。但是，随着数字化时代的发展，柯达公司由于没有创新，导致营业额急剧下降，2009 年，柯达宣布停产。

相比柯达而言，敢于创新的富士，早在 1997 年就开始着眼于生产数码相机。随后，富士公司进行一系列的产品和技术创新。到 2002 年，富士的数字化率是柯达的两倍多。同年，富士的数码相机销量占据日本市场的 30%，全球市场的 20%。

2008 年，富士在液晶显示屏材料中的 TAC 膜、高像素拍照手机的镜头组件和彩色相纸三项业务，均占据全球市场排名第一的位置。这些业绩的取得都与富士一直高度重视创新有关。富士 CEO 古森曾在新年贺词中表示："富士要在 21 世纪成为不断创新，持续发展的公司。"

企业生存在不断变化的市场环境中，要想跟上市场的步伐就要不断地创新，只有创新，企业才能在激烈的市场竞争中立于不败之地，在时代和机遇多变的环境中持续发展。所以，企业要想保持基业长青，就要把创新作为企业永恒的主题。

强化危机意识，营造创新氛围

美国危机学家罗森塔尔说，危机是指决策者的核心价值观念受到严重威胁或挑战、有关信息很不充分、事态发展具有高度不确定性和需要迅捷决策等不利情境的汇聚。

危机意识是指企业对未来有可能发生紧急事件的感知以及应变能力。市场经济不变的法则是“永远在变”。既然市场是永远在变的，那么，企业如果不知道改变就很可能出现危机。所以，面对时刻在变化的市场，企业应该持有居安思危的意识，不能只看到企业的优势，也要正视企业的缺点。企业发展到一定程度后，如果没有危机意识、不谋求创新，最终定会被市场淘汰。

古人说：“居安思危，思则有备，有备无患。”意思是说，即使处在安全的环境中，也要想到可能发生的危险，考虑到危险就要有所准备，事先有了准备就可以避免危险事件的发生。如果把这句话运用到企业的经营管理中，就是说，即使企业现在发展良好，可能是行业的龙头，但是，也要保持危机意识，做好面临危机的准备。企业只有时刻保持危机意识，才会不断的寻求创新，企业才能在“永远在变”的市场环境中保持竞争力。所以说，危机意识是企业创新的第一步。

认识到危机意识对企业创新乃至生存发展的重要性，企业该如何强化危机意识呢？

（1）管理者要有强烈的危机感。

企业管理者的危机感是培养企业危机意识的前提和核心。管理者在企业中起着举足轻重的模范作用，只有管理者有了危机意识，才能在企业的经营管理过程中时刻要求企业不断的创新；才能在企业的长期战略中高瞻远瞩；才能在日常的管理中言传身教，带动企业拥有危机意识。

华为为什么能在强手林立的通信行业存活下来，并且发展壮大？是因为华为的管理者始终保持着危机感。

2013年，华为的销售业绩超过爱立信成为全球第一。华为创始人任正非认为，这样优异的成绩取决于企业的危机意识、不断创新、不断发展。作为创始人的任正非，他是公司危机意识的践行者。早在2001年，华为正处成长巅峰时，他就说过："华为的冬天正在到来，各种机制、管理等正面临危机，已经到了不得不调整、改革的地步。"

他还曾说："十多年来我天天思考的都是失败，对成功视而不见，也没有什么荣誉感、自豪感，而是只有危机感，也许是这样才存活了10年。"

正是任正非的危机意识才使得整个公司上下时刻保持活力和战斗力，让华为在强手如林的通信行业里始终保持着高速发展的态势。

（2）培养全员危机意识。

美国技术公司总裁威廉认为，如果一个企业管理者不能向他的员工们灌输危机意识，说明存在危机缺失，他很快就会失去信誉，进而失去效率和效益。有意识、有目的地培养全员危机意识是企业谋求发展创新的基础。培养全员危机意识要从加强危机宣传教育和建立危机意识下的内部竞争出发，让员工意识到危机会时刻的到来，要让员工感觉到，他有危险，他所在的企业也有危险。只有这样，员工才会有责任感，才会主动地寻求改变，不断地为企业创新做贡献。

世界著名的波音公司，为了培养全员的危机意识，别出心裁地拍摄了一部模拟公司倒闭的宣传片。宣传片的主要内容是：在一个阴暗的日子里，“厂房出租”的招牌高挂在波音公司的墙面上。同时，扩音器里播放着公司的最后一个通知：“今天是波音公司时代的终结，波音公司已关闭了最后一个车间。”此时，工厂里的员工们一个个垂头丧气地走出厂房，他们的表情有留恋、有不舍、有悔恨。

这个宣传片在波音公司产生了强烈的震撼，全体员工感到了前所未有的危机感。这种强烈的危机感，督促着员工更加努力地工作，不断地创新，成为了波音公司在市场的浪潮中立于不败之地的秘诀。

（3）把危机意识融入企业的发展战略。

俗话说“不怕一万，就怕万一”。在企业的发展过程中，谁都不能保证是一帆风顺的。那么，企业制定发展战略，是企业未来几年或者几十年的规划，而未来的市场又存在很多的不确定因素，企业在制定发展战略时如果没有充分考虑到这些不确定因素，对企业来说，一旦市场发生大的变化，给企业带来的将是灾难性的后果。危机意识就是企业提前预测未来有可能发生的不好情况。只有预测到可能发生的最坏后果，我们才能采取一系列的保障措施，不断创新，以最大程度地减轻这些可能给企业带来的不利影响。所以，在瞬息万变的市场环境中，企业要把危机意识融入到发展战略中，这样才能把危险扼杀在摇篮之中。

广东有一家企业，一直稳步地向前发展。由于公司一直发展势头缓慢，员工的工作也是没有太大的变化，非常安逸，大部分的员工在自己的岗位一干就是10年，没有升迁也没有降职。

但是，随着社会经济的发展，市场竞争日趋激烈，企业需要寻求管理上的突破以保障成功实现企业的战略布局。企业决定把危机意识融入到企业的发展战略中，以此期望扭转公司目前发展缓慢状况。

所以，公司在制订新的战略规划时，都会把危机意识作为计划的前提条件。公司在做人才发展战略的时候，首先解决的就是员工的安逸问题，把危机意识植入到员工的工作之中。所以，在人才发展战略的开篇第一项就是如何让员工产生危机感。

缺乏危机意识，企业主动进取的意愿就会变小，主动创新的动力就会减弱。众所周知，在装修新房子的时候，漏电是非常危险的，一旦漏电会引起火灾。所以，人们在装修时对电路的走向和用料都非常用心，防患于未然。作为企业也是一样，企业的危机意识越强，寻求改变的意愿越强，创新的氛围就会越好。所以，强化危机意识是企业创新的前提条件。

制定创新机制，鼓励创新

企业创新机制是指支持和推动企业创新活动有效运行的机制，它是企业不断追求创新的内在机能和运转方式。

企业制定创新机制是一项系统的工程，包括激励机制、动力机制和运行机制三大机制。

（1）创新激励机制。

激励机制也称为激励制度，是指具有竞争力的薪酬、晋升等制度。创新激励机制，也就是说激励制度要体现出鼓励创新，充分激发和保持创新人才的创新激情。创新激励机制包括制定创新激励制度、考核评价体系；创新工作机制，设立专职部门负责创新工作的评价和考核以及创新产品的保护工作；创新激励方式，注重物质奖励和精神奖励；创新晋升渠道，做到合适的人才放在合适的位置。

创新激励机制一定要注意两个问题：一是激励制度要遵循切实有效、客观公正以及不断完善的原则；二是不但要奖励成功，而且要允许失败，奖励失败。

世界最富创新精神的美国3M公司有这么一句口号："为了发现王子，你必须与无数个青蛙接吻。"3M公司有一个著名的"15%" 制度，允许工程师利用15%的工作时间进行自主研究感兴趣的东西。工程师的自主研究即使失败了也没有关系，照常可以从事原来的工作，照样拿到正常的薪酬，同时，公司还会依然支持工程师新的研究。

GE公司也有相似的规定，不仅允许失败，还奖励失败。GE公司的一个经理自主创新了一个项目，公司投资了2千万美元，但是由于不可预测的市场因素最终导致了该项目夭折。但是，项目失败以后，公司仍然提拔升迁了负责这个项目的经理，还给了一个大红包，而且参与这个项目的所有人员也得到了公司的奖励。韦尔奇常说，我们必须告诉员工，只要你的构思和方法是正确的，即使失败了，也会得到公司的奖励。

格兰仕公司同样有鼓励失败的故事。一个研发小组花费了大量的人力财力，用了很长时间进行新产品的研发，但最终该项目以失败告终。当时，公司规定对这样的创新失败的人员是没有奖励的。但是，总裁知道这件事情后，认为即使创新人员的创新失败了，也应该给予鼓励，让他们不要灰心，重头再来。所以，为了鼓励失败，总裁亲自请这个研发小组吃了一顿大餐。

（2）创新动力机制。

企业的创新动力机制是企业创新的动力来源，实质就是通过一定的经济利益机制，调动与发挥企业的积极性、主动性和创造性。创新动力机制分为两个部分，外部动力和内部动力。

外部动力。外部动力是指由于市场竞争的影响以及市场需求的变化迫使企业创新。一方面，全球化的资源紧缺导致企业不得不寻求替代产品，寻求更加节能减排的技术创新。由于人们的需求发生着日新月异变化，迫使企业不得不适应市场需求，进而导致开创新产品。另一方面，经济的全球化导致市场竞争越来越激烈，来自于价格、质量、多样化服务的现实或者潜在威胁，迫使企业不断创新，因为不创新，企业就有可能淹没在激烈竞争的浪潮中。

内部动力。内部动力是指企业为了追求更多的利益而主动进行的创新。当企业内部发现了一个新的市场机会或者一个新的发展方向，看到了更好的前景时，应主动对企业经营战略进行创新。

（3）创新运行机制。

创新运行机制是指通过创新企业经营管理制度，促使企业的人力、物力、财力之间的相互协调，自主运行。创新运行机制要做到企业的人、财、物的有机结合，做到自主经营、自我约束、自我发展，需要注意以下几个部分。

① 决策机制。

企业鼓励创新首先要制定科学民主的决策程序，防止“独裁”统治。如果企业的决策实行“一言堂”政策，管理者专横独断，独裁者一意孤行，那么，创新也就无从谈起。所以，企业要优化决策班子、改革决策程序，让践行民主、支持创新的人参与到决策中来。

② 保障机制。

保障机制分为内部保障和外部的创新成果保障。内部保障是说，企业要有创新的土壤，为创新者创造一个良好的可以促使创新思想产生的环境，同时要保障创新人员的生活和工作。外部的创新成果保障，就是要为创新申请专利，依靠国家的法律法规来保障创新人员的劳动成果。

③ 信息机制。

企业要采取多种方式，建立信息交流平台，让不同职能的人才相互交流，脑力激荡，甚至，让不同的意见进行碰撞，力求使创新更加完善。同时，企业也要建立外部信息收集机构，给予创新人员更多、更全的最新辅助信息，为创新人员的创新提供理论和实践的依据。最后，企业要建立特定的部门，对创新的信息进行收集和管理。

④ 发展机制。

企业创新发展机制从实质上来说是企业自我优化、自我发展完善的机制。创新发展机制主要体现在企业通过自我调节、自我积累，使企业主动适应外部环境的变化，不断增强发展后劲。

持续宣传创新文化

一位心理学家曾说过："宣传具有不可思议的力量。它能左右它的受众，并强行代替他们做出决定；它能激发最强烈的情感，促使人的一切行动。"

大家都知道，作为一名培训师，除了具备渊博的知识、一流的口才之外，他还必须具备一种营造学习氛围的能力。参加过培训的同学都知道，培训师站在讲台上，不会上来就教授知识，而是调动学习的气氛。为什么调动气氛？因为，只有营造了一个良好的学习氛围，学习才能事半功倍。调动气氛靠的就是宣传，培训师会不厌其烦地以不同的形式宣传接下来的学习过程是多么地轻松，气氛会多么地活跃等。到最后，我们都会发现，培训课堂的学习气氛的确是非常轻松、活跃。这些就是宣传的作用，它可以左右人的心理和行为。

所以，宣传具有教育劝服、激励成长、鼓舞人心、积极引导等多种功能，而教育劝服是其中最重要的功能。对于企业来说，宣传创新文化的最终目的是通过多种形式，传达创新的理念，让企业上下把创新精神植入灵魂，并为企业创新付诸行动。

创新文化的宣传方式有很多，比如，制作企业创新文化墙、张贴企业创新宣传语、拍摄创新宣传片、发行企业创新内刊、兴办创新宣传栏、创新活动中心，标榜创新先进人物，举办创新成果展等。值得注意的是，企业创新文化的宣传不能只注重形式，最终目的是营造企业创新氛围。

（1）要把创新文化融入到日常管理中。

创新文化不是特立独行的，它存在的目的是为了企业的生产经营管理更加先进和完善，以保障企业时刻保持创新精神，不至于跟不上时代的步伐。创新不仅要运用到生产科研中，更应该融入到日常管理中。企业要把创新当成经营管理的一部分，要把创新的观念植入到各个岗位的日常生产工作中，让企业全体员工时刻保持创新的热情，只有这样，企业才能充满激情，保持活力。

（2）宣传创新文化要全员参与。

俗话说，“单丝不成线，独木不成林”，“人心齐，泰山移”。

创新不是某一个人或者某一个部门的事情，就像创新的种子要想发芽，它需要有创新的土壤以及雨水的灌溉。

所以，宣传创新文化要依靠企业全体人员的力量。企业在宣传创新文化的过程中，要做到让员工参与、打开渠道和途径、上下联动、上下互动，让全体员工做创新文化的扩音器和传声筒。正如泽林斯基所说："学会集体工作的艺术。在今天的科学中，只有集体的努力才会有真正的成就。如果你一个人工作，即使你有非凡的能力，你也不能在科学上做出巨大的发现，而你的同事将始终是你的思想的扩音器和放大器，正如你自己——集体中的一员——也是别人的思想的扩音器和放大器一样。"

（3）宣传创新文化要落实、落细。

创新文化的宣传要落地生根，走进员工的生活以及思想。宣传要变被动为互动，形式上要以员工喜闻乐见的方式，要让员工乐于接受进而主动帮助宣传。为此，首先要深入了解员工的兴趣爱好，开展形式多样、内容丰富别致的的宣传，要让创新文化宣传形象化，让员工要容易接受、消化，最终将创新观念植入员工的思想深处，鼓励他们勇于创新，敢于创新，把创新付诸实际行动。

很多企业为了让创新文化深入人心，整天大喊"我们要创新、我们要创新……"，却没有具体的东西出来，只剩下了一个口号，最后的效果定会不如人意。所以说，创新文化的宣传不在乎口号多么响亮，而要与员工的工作相结合，要让他们知道他们该干什么，不该干什么，创新会给企业带来什么利益，又会给他们带来什么好处，如果不创新，企业又会面临什么样的苦难，他们又会失去什么。

所以，创新文化宣传既要落到实处，又要进行细化。要想让创新生根发芽，既要让宣传看得见、摸得着，又要细化到人、细化到事。只有这样，才能使无形的文化转为有形的动力。

（4）建立宣传创新文化工作机制。

建立宣传创新文化工作机制就是要设置宣传机构，控制宣传环境，组建宣传队伍，积极营造有利于宣传的条件和环境。建立宣传工作机制，就是要明确宣传的内容是什么，宣传工作的载体有哪些，宣传工作的原则是什么以及考核的内容、依据和标准是什么等。同时，建立宣传工作机制不仅要建立专门的宣传队伍，还要建立健全的激励制度。比如，宣传工作组在进行创新人才表彰暨奖励的宣传时，要明确告诉大家，这个创新奖励是由谁来评选，为什么评选他为创新人才，创新奖励制度是什么等。

（5）注重宣传创新文化效果。

任何宣传都是以目的为导向的，创新文化的宣传也不例外。创新文化宣传的目的是要让企业富有创新精神，保持创新热情。宣传只是手段，而有没有达到想要的效果是另外一回事，所以，企业不能光一味地注重宣传，还要注重宣传的效果如何。注重宣传效果，企业才能根据实际情况，不断的调整宣传的方式方法和步骤。

创新文化的形成是不是一朝一夕的事情，它需要坚持不懈、持之以恒的宣传才能被员工所接受并消化，从而转化成内在的驱动力。

02 激活学习文化基因

杰克·韦尔奇说过，你可以拒绝学习，但你的竞争对手绝对不会！

无论是一个人的成长，还是一家企业的发展壮大，都是学习的结果。现代企业的竞争归根结底是人才的竞争，是知识的竞争，是学习力的竞争。

学习力是保持竞争优势的唯一方法

20世纪以前，全球经济的发展主要是靠掠夺自然资源，属资源依赖型经济。近年来随着科技的发展，全球经济市场由资源依赖型经济逐渐转变为知识型经济，智力密集型生产取代了劳动力密集型生产。

知识性经济是以知识为基础的经济。它最主要的特征是运用新知识、新技术，以人才为动力推动经济发展。这也就是说，企业要想在世界经济的变革中基业长青，就要变成知识性企业。企业之间无论是产品的竞争还是技术的竞争，最终都是人才的竞争。但是，当今社会，知识的新旧更替速度越来越快，昨天的人才不一定是今天的人才，今天的人才不一定是明天的人才。所以，人们常说“学历只能代表着过去，学习力才代表着未来”。

学习力是企业的学习动力、学习毅力和学习能力的综合体现，是企业学习知识、运用知识以及创造知识以帮助企业不断创新、不断发展的能力。发现万有引力的物理学家牛顿说：“如果说我比别人看得更远些，那是因为我站在了巨人的肩上。”这说明他是在学习前人知识的基础上，充分利用学到的知识，进而创新，才创造了万有引力定律。

所以，学习力是企业创新能力的前提保障，是把知识资源转化为知识资本的能力，企业只有拥有了学习力才能在激烈的市场竞争中不断的创新，并保持竞争优势。

下面，我们来了解一下，学习力具体表现哪几个方面。

（1）获取知识，筛选信息的能力。

学习力最基础的就是获取知识的能力。学习的目的是获取知识，获取知识的目的是在生产、生活中加以运用，给予帮助。人们常说，“知识改变命运”。人们在工作中常常遇到这样的问题，同样的学历、同样的岗位，为什么别人得到了升职，而自己却没有？这就是学习力的缘故，别人比你爱学习，比你接受的新知识多，而且他能把这些新知识运用到工作中，因此比你干出的成绩多，自然会得到升迁。

当今是信息社会，人们无时无刻不受到新的信息和知识的冲击，几乎每天一睁开眼，各种信息就扑面而来。学习能力强的人可以从这些新的知识和信息中学到过自己有用的东西，个人能力得以提高。在这个知识、信息决定经济发展的时代，市场永远不变的定律是“变”，而学习是适应“变”的唯一途径。

（2）更新思想的能力。

市场一直在变，而你的思想没有变，试想一下，结果会是什么样的？结论肯定是会被市场淘汰。《庄子》里说：“井蛙不可以语于海，拘于虚也。”井底之蛙之所以认为天地只有井口那般大，是因其“视野”受限的缘故，它一直生活在井中，接触不到外面的世界，思想自然被局限住了。所以，人们常说，你看得有多远，取决于你站得有多高，而站得多高又取决于你站的位置。这个站的位置就是你的学习能力，你的学习能力越强，接触的世界越广，思想高度就越高。同样道理，在企业的经营发展中，企业能走多远，取决于企业的眼光有多远，企业的眼光有多远又取决于思想的高度。

（3）知识创新的能力。

学习是创新的基础，创新是学习的硕果。学习能为创新提供知识基础，智力保障和技能支持。世界上任何一项发明创造，都是通过不断的学习、总结，无数次的失败经验积累，最后才成功的。有人说，学习不一定能创新，是的，学习不仅仅是为了创新，但创新绝对离不开学习。人们总是遇到无法解决的苦难时感慨“书到用时方恨少”。现代社会，技术更新非常快，如果企业不知道学习，还在那守着一亩三分地埋头苦干，等到别的企业研发出更高的科技，比你的成本节约一半的时候，试想一下，你还有利润可言吗？你还有竞争力吗？

其实，无论是学习可以获得知识、更新思想还是可以创新，归根结底，学习最终的目的还是提高竞争力。人们普遍认为科技和人才是企业的核心竞争力，这些说的都没有错。但是，科技和人才从哪里来的？学习！如果一个人没有学习力，就不可能成为人才，人才是通过不断的学习逐步培养起来的。

有这样一个故事，一个世界500强的高科技企业招聘科研人员，在决定是否聘用的最后一关就是对学习力的考核。

经过对学历、经验、科研成果等层层考核，有3位顺利通过了前面的选拔。这一天，公司人事部门通知这3人进行最后的考核，考核的地点不是总经理的办公室也不是公司的实验室，而是公司下属的一个生产厂。

考核的项目是根据样品，在最短时间内，最好地完成一件简单的产品的制作，就可以得到公司的聘书。同时，公司会提供与这个产品相关一切资料。3人在来参加考核以前都对公司的产品进行过一定程度的了解，认为应该不会有什么难度，因为自己本身就是搞关于这方面产品研究的，这个考核小菜一碟。可是，等到3人拿到产品的样品后，才发现样品并不是公司生产的产品，而且和公司生产的产品相关性也不高，只有一部分和自己所学的知识相关，另外一部分自己从来都没有研究过。

考核结束以后，最终只有一位拿到了公司的聘书，另外两位都没能完成产品的制作。没有被应聘上两位应聘者非常郁闷，认为自己的学历和专业不比拿到聘书的那位差，凭什么没有选择自己？公司给出的解释非常简单："这个考核是对学习力的考核。"

学习力是上述这个企业对所有应聘人员进行必考的考核项目，正是对学习力的重视，才使得企业屹立于世界500强之列。杰克·韦尔奇说："一个组织能够不断地从所有的源泉学习的愿望和动力，同时把这些学习的成果迅速转化为行动的做法，将使得这家企业具备最终的竞争优势。"联想创始人柳传志也曾经说过类似的话："想来想去，联想很多的竞争优势里面，最具核心竞争力的还是学习能力。"物竞天择，适者生存，不学习，终究会被淘汰，学习是企业保持竞争优势的唯一方法。

为员工提供学习的平台

在前面的章节，我们有讲到学习是企业保持竞争优势的唯一方法以及如何在企业内部树立学习的价值观。企业既然意识到了学习的重要性，就要把学习植入到员工的价值观中去，那么，企业接下来要做的工作就是为员工学习提供保障，也就是要解决员工学习途径的问题，为员工提供学习的平台。

企业为员工提供学习平台是指为员工提供获取知识、技能更新、相互沟通交流的学习场所、机会和工具。学习平台的主要有网络学习平台，图书资料库和培训平台等。

（1）建立企业图书馆，为员工提供日常学习的场所。

对于企业来说，图书馆拥有信息集存、整理、传递等功能，它能帮助企业对员工进行思想、知识以及技能的教育，它是企业文化的重要窗口和阵地。对于员工来说，企业为他们解决了学习的场所和文化娱乐的场所，图书馆是员工终身学习的课堂。

随着现代高科技的迅猛发展，技术日新月异，管理不断完善，信息和知识的更新速度也跟着加快。同时，互联网的高速发展，让人们接受新信息、学习新知识的途径也发生着变化。所以，企业在建立现代化的图书馆时，要注意与时俱进。

① 健全图书馆管理机制。

任何一个组织的发展都离不开管理。企业建立图书馆也必须建立一整套的管理机制，以确保图书馆可健康、持续的发挥它的功能。首先，企业要为图书馆提供充足的资金保障。图书馆作为一项职工福利，关系到职工的文化、思想、技术的持续进步，如果没有充足的资金保障，图书馆的管理将无法进行。

其次，企业要为图书馆提供管理人员保障。图书馆的运营需要管理人员，同时也需要专业的技术人员，只有这样才能保证图书馆所传递的信息和知识得到及时的更新。

最后，要建立图书馆的监督和激励制度。没有监督，图书馆的服务就没有好坏之分；没有激励，管理人员就没有工作的动力。

② 紧跟企业的发展步伐。

企业建立图书管最根本的目的是为企业的生产经营提供信息、知识和技术的创新源泉。企业作为一个独立的经营主体，有着自己的一些特色，包括产品、行业以及员工素质等。同时，企业的经营是会随着市场的变化而变化，技术也会随着科技的发展而创新的。所以，企业图书馆的建设要符合企业自身的实际情况，图书馆的信息更新也要紧跟企业的发展步伐。

③ 增加网络化、数字化的服务。

当下是互联网的时代，员工的工作和生活节奏加快，数字化阅读已经成为员工新的阅读习惯。图书馆的建设要遵循实用性的原则，以最便捷的方式为员工提供服务。

（2）加强员工培训，从理论到实践全面提升。

文化水平高的员工从书本或者网络接受新知识、新技能的能力比较强，他们或许可以独立的从书本或者网络上学到自己所需要的知识。但是对于一个企业来说，不同的岗位需要不同文化素质的人，不可能所有的生产流水线工人都需要和科研人员一样的文化水平，但这些流水线工人的文化水平又普遍较低，独立完成学习的能力有限。企业要想成为一个学习型的企业，既需要科研人员学习创新，又需要普通的员工也要不断的进步。比如，企业的生产设备进行升级，流水线的工人肯定需要掌握新的操作技术。

从另一方面来说，书本和网络的信息量比较大，知识相对比较笼统，不可能需要什么就有什么，更不可能拿来就用。我们都有这样一种感觉，从小学到大学，我们看过无数的书籍，接受过各种学科的知识，但是到真正工作了，所用甚少。当然，这不是说读书无用，读书不仅让我们获得知识，最大的作用是培养我们的学习能力。

所以，企业为员工提供的学习平台最重要是要为员工提供培训的机会。著名的企业管理学教授沃伦·贝尼斯说："员工培训是企业风险最小，收益最大的战略性投资。"

我有一个学员，他是一家生产企业的老板，以前从来都不参加培训课程，但是，现在不仅自己经常参加培训课程，还经常带领公司的员工参加培训课程。

他第一次参加我的培训课时就告诉我，他是一个非常爱学习的人。他的办公室有一半的空间是被书柜占据，书柜里摆满了各种各种的书籍，从生活常识类的到生产管理类，应有尽有。他说，他每天大概都会看书，一般如果没有重要的事情，都会在办公室坚持看书 2 到 4 个小时左右。从书中，他学到了很多的知识，也学到了很多的先进管理概念。

为了提高全体员工的文化和专业知识，他不仅自己喜欢看书，还倡导员工要多看书。为此，他还花了大量的资金建立了自己的企业图书室。员工读书的热情也被提上来了，公司的读书氛围愈加的浓厚。

图书室建成 2 年以后，这位企业的老板通过观察和考核，发现员工的文化知识确实得到了很大的提升，文化水平也得到了相应的提高，但是，员工的专业技能却没有得到明显的提升。这位老板很纳闷，公司给员工提供了良好的学习机会，为什么员工的专业技能却没有得到明显的提升呢？这个问题困惑了他好长的时间。

有一天，这位老板生病了，上呼吸道感染严重。由于他是一个爱学习之人，所以，也关注过如何治疗这些小病的书籍和资料。他根据自己学到的知识，在药房买了几种治疗呼吸道感染的药物吃了一个星期，病情却并没有好转。最后，他只能到医院寻求医生的帮助，在医生的帮助下很快就康复了。他就问医生："为什么吃了那么长时间的药还没有见效？难道药房卖的是假药？"医生告诉他："每个人的病情是不同的，要根据病人的实际情况用药才有效果。专业的事需要专业的人做才能更有效果，这也是医生存在的必要。"

通过一次看病，这位老板终于解开了自己管理上的疑惑。后来，他请了一个专业的培训公司对员工进行专业的技能培训，员工的技能在很短的时间内得到了很大的提升。

所以，培训对一个企业来说是非常重要的。它不仅能帮助企业解决专业方面的问题，还能提高学习的效率。被称为"经营之神"的日本松下电器的创始人松下幸之助说过，"培训很贵，但不培训更贵"。

对一个学习型的企业来说，图书馆可以为员工提供良好的学习场所和各类的学习资料，培训则是为员工提供专业技能提升的有效途径。

从企业的需求驱动员工学习

所有的企业都是以满足客户需求做为企业发展和价值实现的根本。持续不断的满足客户需求，是需要企业不断的发展创新来实现的，而企业的发展创新来源于企业员工的学习力。但是，人都是有惰性的，只有需要的时候才会去学习，只有认识到学习可以帮助解决困难和得到更好的工作才会寻求改变。也就是说员工的学习是与企业的需求有直接关系的，企业的需求会驱动着员工去学习。人们常说的"无利不起早"正是对驱动力的最好诠释。

大多企业都经历过这样的烦恼，员工学习的积极性并不是那么好调动起来的。谈到这一问题，有些企业就会找到各种各样的借口，如，员工反映培训形式单一、学习影响工作和绩效……其实，员工学习积极性不高或者是抵触学习的主要原因是企业没能把企业的需求和员工的需求有机的结合起来，没有从员工的学习动力出发来进行有针对性的要求以激活他们的学习激情。

要想让员工主动学习，首先，我们要分析一下员工的学习动力来源。

（1）自我追求。

自我追求是一种内在动力，是员工个体要求上进或者认识到学习带来的优势而产生的主动学习需求。这种动力是有追求和目标的员工所特有的，他们有的是因为从小养成的学习习惯，也有的是受到家庭或者社会的影响。对于这类员工来说，学习已经成为了他们的习惯，不学习他们就会觉得生命中缺少了一些东西。正如俄国科学家罗蒙诺索夫说的“不学习，毋宁死”。

（2）外界的压力。

压力往往来源于竞争。对于企业的员工来说，同样的岗位别人得到了晋升是一种压力，工作效率提不上来被扣奖金是一种压力，还有最大的压力是因工作无法完成而面临着失业等。企业要激发员工的学习动力，就需要从压力着手，要给员工灌输一种危机意识。从企业的发展方面来说，企业告诉他们，市场竞争的残酷现实要求他们必须学习，只有学习才能有创新，企业才能发展乃至生存下去。从员工个人的职业规划来说，企业要告诉他们，学习会得到什么样的回报，不学习又会失去什么样的机会。

有一家企业，为了让员工积极的学习，让员工认识到学习的重要性，设立了有一个独立的职业技能评审部门。这个部门的主要工作是对企业员工的职业技能进行考核，并颁发相应的证书。员工的绩效考核以及升职加薪等都与这个证书息息相关，员工即使现阶段的工作成绩再好，如果没有通过学习取得职业技能证书也不会得到升职加薪的机会。同时，企业对职业技能也设置不同的等级，员工升职加薪的额度也与职业技能证书的等级有关。

通过对员工学习的动力来源的分析，我们认识到企业只有给员工一定的压力才能督促他们去学习。最好的方法是，把企业的需求转换成员工的需求，让员工积极主动的学习。那么，企业的创新需求如何能转换成员工学习的驱动力呢？这就需要企业制定员工学习的绩效考核体系，也就是我们经常说的激励制度。同时，企业在制定员工学习激励的时候，要注意以下几个问题。

（1）物质和精神的有机结合。

物质激励是指企业通过升职、奖金、津贴、福利，罚款等一些刺激手段来鼓励员工学习。物质是人们生活的保障，它是员工从事工作、学习最基本的动因。物质激励是最直接也是最有效的激励方式，它能直观的告诉员工："我该怎么做，学习可以得到升职加薪，不学习有可能面临失业。"

精神激励是指企业通过表彰、授权、荣誉称号等非物质手段鼓励员工学习。对于员工来说，物质是保障生活的基本条件，但是精神激励能给员工带来成就感、社会地位和声誉等。同时，精神激励也是员工成就、自我体现的最高层次的需要。

有的人认为，精神激励是虚的，物质激励才是实实在在的。但是，光有物质激励没有精神激励很容易使得企业造成恶性竞争。美国管理学家皮特就曾说过："重赏会带来副作用，因为高额的奖金会使大家彼此封锁消息，影响工作的正常开展，整个社会的风气就不会正。"所以，企业要把物质激励和精神激励有机结合起来才能真正的起到良性激励作用。

（2）实行差别激励，多跑道、多层次的激励体制。

员工认可的激励才是有效的激励。企业要对不同性别、特点、工种的员工，采取不同的激励措施。性别不同、特点不同、工种不同的员工对激励的需求也是不同的。比如，工资以提成为主的市场销售部门员工，他们的工作就是追求高提成，对这类员工进行激励最有效的方式是物质激励，而且激励的幅度要大，要让工作出色的员工拿到比他们的上司还高的报酬，这样，他们就不会因为别的精神追求而影响本职工作；如果是科研等部门的员工，他们都是高学历的人才，一般都有很高的底薪，相对于物质激励，他更看重精神激励，如果企业把一项科研项目以他的名字命名，肯定比给他奖金更让他高兴。

所以，企业在制定激励制度要因人而异、因工种而异，充分考虑企业的特点和员工的差异，这样制定的激励制度才能发挥最大的效力。

（3）明确激励考核办法，体现公平、公正原则。

在激励制度中，企业要明确的告诉员工，学习到什么程度、取得什么样的学习成绩就会得到什么样的激励。所以，企业在制定员工学习激励制度时候，要明确的列出学习达到什么样的条件，企业给予的激励是多少，要有章可循。因为，做任何事情都是一样的，无规矩不成方圆。

激励考核办法最重要的是体现公平、公正的原则。因为，激励是对员工付出的一种反馈，是对员工学习态度、能力和成绩的一种肯定。员工是按劳取薪的，他们要求付出就有回报，如果付出没有回报，那么，谁也不会愿意再次付出。如果企业在考核方面做不到公平、公正，那么激励制度形同虚设，不会起到任何的作用。

03 激活团队文化基因

在现代企业管理模式中，管理不再是企业家的个人行为，而是企业组织的团队行为。企业之间的竞争也上升为团队与团队之间的竞争。然而，要组建一个团队很容易，要打造一个凝聚力极强的团队却需要在企业文化中注入团队精神。

打造领导魅力

有人说，要想取得成功，只有两种方法：一种是以自己的魅力打造一支团队；另一种是以自己的能力跟随一支团队。对于家族企业的最高领导者来说，发挥领导魅力，激发团队的凝聚力是其首要职责。具有出色领导魅力的企业领军人物，往往能够把一盘散沙似的团队打造成具有强大凝聚力和向心力的团队。反之，缺少领导魅力的人，即使发现优秀人才，也难以通过自身影响力留住他。因此，优秀的企业家必须注重打造个人的领导魅力，这种魅力包含了卓越的能力、非凡的气度以及正直、无私的精神。

蒙牛集团的创始人牛根生说："倾财足以聚人，量宽足以带人，身先足以率人，律己足以服人。"简单的四句话，参透了企业家打造领导魅力的关键。有魅力的领导者懂得识人、用人的智慧，尊重并真诚地感谢员工为企业的付出，同时能够在团队中营造相互尊重的文化氛围，使团队成员之间能够和谐相处。有魅力的领导者善于运用自身影响力来塑造团队归属感，增强团队凝聚力。这样的领导者，即使离开企业的管理岗位，也不会使企业陷入慌乱之中，因为其强大的魅力已经成为企业文化的一个符号，对企业的发展持续产生影响。

2013年1月15日，阿里巴巴集团董事局主席兼CEO马云向员工发出信件，宣布将于2013年5月10日起不再担任阿里巴巴集团CEO一职。

在信中，马云写道："从心底里，我佩服今天的年轻人。互联网是年轻人的天下，能给他们提供更多、更大的舞台是我们的责任，更是我们的荣幸，也是我们这些人可以给公司未来创造最大的贡献所在。今年，阿里绝大多数生于60年代的领导者将会退出管理执行角色，我们将把领导责任交给70、80年代的同事们。因为，我们相信他们比我们更懂得未来，更有能力创造明天。"

同时，马云在信中表示，辞任CEO职务之后，他将主要负责阿里巴巴董事局的战略决策，协助CEO做好组织文化和人才的培养，"并将会和大家一起加强和完善阿里的公益事业"。

在信的最后，马云说："各位阿里人，阿里立志发展102年，我们还有88年要走。没有健康，良好的年轻人接班制度，我们很难想象我们会走到那一天。今天只是我们未来N次领导者轮岗换班中的第一次。

今天的阿里巴巴已经有这样的能力，实力和责任做好接班人制度的建设。而且我们必须有这样的能力。”

马云通过辞任阿里集团CEO一职为阿里集团的传承奠定基础，同时，也用其个人独特的领导魅力，影响着阿里文化，凝聚着阿里人的心。2000年，美国《福布斯》杂志评价马云是——有着拿破仑的身材，更有着拿破仑的伟大志向。正是马云的伟大志向铸就了他独特的领导魅力。

从企业的层面来说，一个家族企业家的领导魅力主要包括六个方面：

（1）有德行。

良好的品德是立身之本。作为企业的领导者，更要注重自身的品德修养，以德服人。一个正直、善良、有原则、懂得尊重他人的领导者，一言一行都在释放着吸引人的能量。正是这些良好的品德，形成了领导者的风采和魅力。

正如《大学》中所讲，“大学之道，在明明德，在亲民，在止于至善，然后要达到诚意，正心、格物、致知，修身、齐家、治国、平天下”。作为家族企业的最高领导者，如果连基本的品德修养都不具备，别人又凭什么信任他、追随他呢？现代管理之父彼得·德鲁克说：“没有追随者，就没有领导者。”又何谈家族企业的永续发展呢？因此，企业家要打造具有强大凝聚力的团队，必须把提升自身的品德修养放在第一位。

（2）有能力。

没有能力的企业领导者只会把团队带入深渊。家族企业要想做大做强，必须依靠领导者的眼光和谋略。一个有能力的领导者，能够为团队制定明确的目标，并且在执行中以身作则，懂得适度授权，信任下属的能力。更为重要的是，他拥有绝对的自信和胆识，能够在挫折和困难中给予员工希望。

阿里巴巴十八罗汉之一戴珊曾这样评价马云：“无论什么时候看到他，你在他眼中看到的都是自信，我一定能赢的信心。你跟着他在一起充满了活力。” 同为阿里巴巴十八罗汉之一的刘伟也曾这样评价马云：“在你绝望的时候能让你看到希望，能跟着走。”

马云从创业第一天起，就宣称阿里巴巴会成为世界上最伟大的电子商务公司，并且，他让下属始终坚信这一点。马云在接受采访时曾经说：“投钱给我的创投基金，从第一天开始就听不懂我的话，但还是每年投钱进来，现在他们都说：‘Jack，我不跟你吵，你去干吧！’我跟公司的 COO 也是吵了 6 年了，每年我们打赌 1 万元看我说出的话能否做到，结果第 7 年他都不跟我吵，也不再跟我打赌了。”

马云的自信、执着、眼光、胸怀和实力，正是他赢得团队凝聚力的关键。没有人敢跟着一个不自信、没眼光的人朝前走。作为家族企业的领导者，个人能力是决定团队凝聚力、影响企业未来发展的最重要因素。

（3）有情感。

“人情味”是家族企业独有的特色，也是家族企业领导者特有的气质。虽然在很多方面“人情味”是阻碍家族企业发展的“绊脚石”，但在团队打造上，“人情味”恰恰是增强团队向心力的核心。

现在许多企业家强调的“家文化”，正是希望通过企业领导者的努力在企业内部建立一种家庭式的工作环境和人际关系。如果在一个家族企业中，能够做到所有的员工不分家族成员和非家族成员，都像兄弟姐妹一样相处，上下级关系就像家里的长辈对晚辈那样，那么这家企业就拧成了一股绳。

日本桑德利公司的总裁鸟井信治郎，有次听员工议论说员工宿舍的环境不好，有跳蚤。他就亲自跑到员工宿舍，拿着手电筒捉跳蚤。作为总裁，这种体贴的行为使员工深受感动。正是因为鸟井信治郎采用的亲情管理模式，使员工表示：我愿意为总裁奉献一切，哪怕是生命也在所不辞。

对于习惯将企业员工分为“自己人”和“外人”的家族企业来说，要想做到这样的亲情管理，并不容易。需要企业领导者从自我观念上彻底转变，既要放下内外之分，还要放下架子，以亲切、谦和、信任的态度和员工相处，建立真正的“以人为本”的企业文化。

一个能够让员工折服在其个人魅力之下的领导者，不仅能够使员工心甘情愿地跟随着他打拼，更能够用其精神激励员工心往一处想，劲往一处使，从而增强团队的凝聚力、向心力和实力。

建立团队共同的目标

先讲个小故事：

猎人带着猎狗去打猎，发现一只兔子。猎人一声令下，猎狗立即蹿出去，追赶兔子，但是，猎狗追了很久都没有追上。猎人看到这种情景，就把猎狗叫住，非常生气地说：“你真是越来越不中用了，连一只兔子都追不上！”猎狗嘀咕道：“追上兔子也是你的，跟我又没什么关系，回去我还得啃没肉的骨头。”

在这个小寓言中，猎狗虽然和猎人在一个团队，并且服从猎人的领导，但却不清楚猎人的目标，更没有和猎人一致的目标。猎狗追兔子，只是因为要听从命令；而猎人追兔子，却是为了换取价值。如果猎人在兔子出现之前，就跟猎狗说：“今天，咱们主要是来抓兔子的。抓到一只兔子，回家给你吃排骨；抓到两只兔子，给你一只！”这样，猎狗的目标就和猎人一致了——抓兔子，换取自己想要的价值。

正如韩国现代集团创始人郑周永先生说的：“没有目标作为信念的人是经不起风浪的，而由许多人所组成的企业更是如此。仅以谋生为目的而结成的团队与企业都是没有前途的。”在一个团队中，由于每个人的角色、地位和看待问题的角度不同，对目标的理解也会有很大的差别。优秀的团队领导者善于捕捉团队成员间不同的心态，理解他们的需求，从而在团队中建立共同的目标，激发所有人的行动力。

所谓团队，就是志同道合的人走到一起，奔着一个共同的目标前进。“志同”就是有同样的志向，即共同的目标；“道合”即理想、信念契合。可见，共同的目标是团队的灵魂，是把大家团结在一起的向心力，是让大家心往一处想、劲儿往一处使的方向。有了共同的目标，团队才能称之为团队，才算真正有了生命力，才能够在行动中步调一致。

共同的目标是增强团队凝聚力的基础。在成为一个团队之前，每个人都有自己的想法、意见和明确或者不太明确的个人目标。在行动中，就像上面小寓言中的猎人与猎狗一样，每个人都有自己的小算盘，每个人都只盯着自己的利益，却不关注团队利益。唯有在尊重和重视每个人利益的基础上，建立共同的目标，才能将大家凝聚在一起，共同向着一个方向前进。

美国著名的管理学家彼得·圣吉在其著作《第五项修炼》中提出企业领导者要建立“共同的愿景”，并且表示：“如果没有共同愿景，将无法想象AT & T、福特、苹果电脑等是怎么建立起他们做人的成就。”在彼得·圣吉的定义中，共同愿景的含义是“我们想要创造什么”，即“组织中人们所共同持有的意象或景象，它创造出众人是一体的感觉，并遍布到组织全面的活动，而使各种不同的活动融汇起来”。同时，彼得·圣吉还指出，当团队成员真正拥有共同愿景时，他们会因为共同的愿望而紧紧团结在一起。但是，即使每个人心中都拥有相同的愿景，却没有彼此分享过，同样不能算是共同的愿景。

可见，在为团队建立共同的目标这件事上，并没有那么简单，必须要遵循一定的法则：

法则一：共同目标要远大。

唯有足够远大的目标才能够吸引更多的人参与。马云正是用“让天下没有难做的生意”这个远大的目标，将创业伙伴、阿里员工、目标客户均收在旗下，创造了中国电子商务的神话。

一个目标是否远大，不在于你敢不敢想，而在与这个目标能够得到多少人的赞同。你为自己谋福利，那属于个人目标，没有人会赞同你，追随你；你为家族谋福利，那属于家族目标，家族成员会赞同你，追随你；你为企业谋福利，那属于企业目标，企业员工会赞同你，追随你；你为天下人谋福利，那就属于天下人的目标，天下人都会赞同你，追随你。所以，只有足够远大的目标才能获得更多人的支持。

苹果前CEO史考利（John Sculley）在一篇关于苹果电脑愿景产品（Visionary Product）的文章中写道："不论公司内忧外患有多严重，一步人麦金塔大厦，我马上又精神奕奕。我们知道自己即将目睹电脑史上一项重大的改变。"正是在这种"改变世界"的远大目标之下，苹果员工才创造了一个又一个辉煌。

法则二：共同目标要明确。

语焉不详、描述不清的目标，很难得到别人的认同，因为大家压根不知道你在说什么！要想成为团队共同追求的目标，必须描述清楚明白、可以衡量，不能让团队成员因为不知道自己要做什么或者做这件事有什么意义而产生疑虑。

共同目标是团队奋斗的希望。如果目标不明确，不能成为在每个人心中产生意象的共同愿景，当面临执行中的困难时，团队成员很容易就会动摇、退缩。唯有明确的目标，才能让团队成员铭记，并产生一种神圣的使命感，即使遇到艰难险阻，也不会迷失方向。

法则三：共同目标要分享。

彼得·圣吉在《第五项修炼》中已经明确指出，没有经过分享的目标不能称为共同目标。即使每个人心中都有同样的目标，但其背后的动机必然是不同的。分享的关键就在于，在分享目标的过程中，彼此也会分享动机，进而寻找共同利益，建立关系，达到行动一致。我们再回头看本节开篇小寓言中的猎人与猎狗，猎狗的目标和猎人的目标实际上是相同的，就是抓到兔子。但是，因为没有分享，就会因为彼此的动机不同而产生不同的行动，最终导致结果不同。

在许多家族企业中，企业领导者非常清楚建立共同目标的重要性。但是，因为这个目标一般都是由高层建立，然后一级、一级传递下去的，所以，难以真正成为企业团队的共同目标，更难以成为共同愿景。因为这个目标不是被大家分享的，每个人都只是听命行事，行动也只是为了支持高层的目标，或者只是为了薪水，而不是为了满足自己的期望。

分享是建立共同目标的最后一步。通过分享，让大家了解并真实感到这个目标和自己息息相关，并且为共同目标的建立提供自己的意见，使它具有足够强大的吸引力、凝聚力和生命力。

建立有效的沟通机制

沟通是合作的开始。美国沃尔玛公司总裁山姆·沃尔顿曾说过："如果你必须将沃尔玛管理体制浓缩成一种思想，那可能就是沟通。因为它是我们成功的真正关键之一。"在一个团队中，没有沟通就没有团队精神，就没有凝聚力。

良好的沟通是处理复杂人际关系的有效手段。在家族企业中，复杂的人际关系几乎成为团队效率和凝聚力的隐形杀手。家族企业的特点决定了员工角色的复杂性。仅从所有权的角度就能够将员工分为：有股权的家族成员，没有股权的家族成员，有股权的非家族成员和没有股权的非家族成员四类。

中国社会学和人类学的奠基人之一费孝通先生曾经这样形容中国的人际关系：中国人的人际关系就像一块石子扔到水里一样，溅起好多好多的波纹，一圈一圈的波纹向外扩散，由近及远，不同人的关系互相交错，非常复杂。如果费孝通先生这个比喻是形容中国社会上普通的人际关系，那么相对来说，家族企业内部的人际关系比这还要复杂的多。

因此，在家族企业中，如果缺乏有效的沟通机制，员工就必须花费更多的时间来处理复杂的人际关系，甚至可能要把所有的工作时间都用在人际关系的处理上，那么工作绩效就无从谈起。

在企业中，绝对大多数项目的成功，无论是由一个独立部门完成的项目还是靠跨部门的团队合作完成的项目，都取决于团队成员之间的有效沟通。沟通影响着团队氛围，更影响着工作绩效。如果你想建立一个凝聚力强、高绩效的团队，就必须建立一个完善的沟通机制来确保你能达成目标。

沃尔玛创始人山姆·沃尔顿（Sam Walton）从沃尔玛还是一家小商店的时候，就规定：每周六早上，所有员工都要到商店的办公室开晨会，汇报和统计上一周的销售业绩，制定下一周的销售计划。“周六晨会”的沟通机制一直延续至今，在沃尔玛成长为世界上最大的家族企业之路上，发挥了重要的作用。

山姆·沃尔顿早在1952年就意识到周末对于零售业的重要性。他相信，不在周末上班，就别想着在零售行业干了。因为周末的销量占到零售业务的一大块。所以，他会在每个周六的早上在商店的办公室检查上一周的销售情况，分析什么东西好卖，什么东西不好卖，以及本周销量和上一周相比如何，等等。

在例行的“周六晨会”上，沃尔玛的员工要比平常更早上班。因为“周六晨会”必须在营业之前结束。在晨会上，老板山姆·沃尔顿会对每个员工上周的工作作出评价，同时征求员工的意见，确定在下周哪些商品要上架销售、哪些商品要摆在更显眼的位置、哪些商品要做下架处理等。

在“周六晨会”中，员工感觉到自己是公司的一部分，老板信任他们，并且与他们并肩作战。同时，“周六晨会”还是沃尔玛每周一次的销售培训。在会上，员工们会分享自己的销售技巧，团队领导者则会向全体员工发布公司的最新信息，从而使员工树立起主人翁意识。

“周六晨会”的沟通机制尽管在当时看起来并不显眼，却使沃尔玛在当时信息交流还没有那么发达的情况下，使沃尔玛的全体员工比其他同行提前几天掌握市场的最新信息。从而提升了沃尔玛团队的工作效率，在速度上打赢对手。即使是日后成为沃尔玛核心竞争力之一的 “天天平价”策略也是出自“周六晨会”。

如今，在沃尔玛总部本顿维尔市进行的“周六晨会”，既是战略决策会，也是誓师动员会，也是销售研讨会，还是全体员工都参加的企业内部论坛。即使在信息技术非常发达的今天，“周六晨会”仍然能够帮助沃尔玛了解一线情况，更重要的是，它让沃尔玛的总部和其他地方的商店在感情上联系在一起，让沃尔玛的所有员工都意识到他们是沃尔玛这个零售帝国的一分子。

从沃尔玛的“周六晨会”，我们可以看出，一个有效的沟通机制对于企业的成长和发展有着非常重要的影响。

团队存在的根本原因是大家共同实现一个目标。在这个过程中，尽管每个人都会有不同的分工，但在做好自己工作的同时也要配合其他团队成员的工作。无论是团队领导者对执行的把控和指导，还是团队成员之间互通有无、互相寻求帮助和支持，都需要通过沟通来解决。如果没有明确的沟通机制，大家各自随心所欲地选择沟通方式和途径，信息就会因为混乱而无效，进而影响沟通的效果。

明确的沟通机制，包括选择哪种沟通工具、用什么样的沟通方式、用哪种大家更易理解同时又节省时间的语言等。比如，现在很多企业员工都喜欢用微信进行人际交往。团队领导者可以借助这个特点，建立一个团队内部群。但是，如果没有明确要求，汇报工作要在微信群中进行，可能就会有团队成员选择QQ或者邮件来汇报工作。但是，团队领导者却只在微信群中看汇报，如此一来就会产生沟通的障碍，影响工作。另外，微信有语音、文字、图片、视频等多种沟通形式，如果没有明确的制度要求，团队成员可能有的喜欢文字、有的喜欢语音、图片甚至视频等，结果导致微信群中“群魔乱舞”，真正有效的信息反而看不见了。

对于团队沟通来说，建立完善、明确的沟通机制，定好统一的形式、方法和语言，不仅能够有效节省沟通时间，还能够大大提升沟通的效果，使沟通对团队执行起到积极的作用。

在建立明确的沟通机制之前，必须先明确所有团队成员的责任，让每个人都清楚了解自己要负责哪些事、参与哪些事以及不需要关注哪些事。定好责任，这样团队成员在沟通中，就不会因为过多关注和自己责任无关的事而浪费时间。然后通过责任再定沟通机制，哪些事必须汇报、向谁汇报、通过什么形式汇报，等等。

总之，建立有效沟通机制的最重要的要求就是，让团队的沟通没有阻力，让团队成员彼此之间建立相互信任、理解的关系，让所有人都意识到：我们是一个整体。

随时准备好激励药片

激励是团队领导者必须掌握的技巧。拿破仑说，军队战斗力的四分之三是由士气组成的。作为一个团队的领导者，如果懂得激励艺术并且随时准备好激励药片，团队必然能够长久保持高昂的士气。否则，团队很快就会垮下去。

美国哈佛大学的詹姆斯教授在对激励进行专业研究之后发现，人们在平时工作的时候一般只能发挥 20%~30% 的能力，但是如果能够受到充分的激励，那么可以将能力发挥到平时的 3 倍之多！

激励会促使人们主动做事。人类的生物本能会让人们对一切类型和强度的激励做出相应的反应。例如，我们在三个月左右的婴儿前面移动他的奶瓶，他会为了得到奶瓶而主动爬行，甚至可能在那之前他从来都不会爬。

“胡萝卜 + 大棒”是传统的激励方式，指奖励与惩罚并存的激励策略。如今，仍然有许多企业采用这种策略对员工实行激励。但是，随着时代的变迁，员工的需求发生了变化，原来的激励制度显然不再有效。团队领导者必须在充分了解每一个团队成员的基础上，根据实际情况采取激励策略，才能达到激励效果。

再有效的激励方法，也要看准时机才能行之有效。什么是激励的最佳时机？

一是在团队成员遇到困难和挫折的时候。每一个人在工作中都会遇到这样或者那样的挫折，当团队成员的梦想被挫折击碎，当目标变得遥不可及时，团队领导就要及时扶他一把，给他们一些激励，帮他们找回坚强和勇气。

2003 年，一场突如其来的“非典”让许多人心头蒙上了雾霾。阿里巴巴的一名员工在广州出差时不幸被感染，阿里巴巴很快成为“重点防护对象”。在这种情况下，阿里巴巴的员工心中充满疑虑。马云此时亲笔写了一封信给阿里巴巴的所有员工和他们的亲友。

在信中，马云首先表示“这几天我的心情很沉重”，表明自己和大家感同身受。接着表达了自己的歉意和决心——如果今天我们可以做任何事来确保同事和杭城父老兄弟姐妹的健康，我愿意付出一切！

接着，用“我们的应急方案居然真的派上了用场”来安慰大家宽心。同时，表达了自己和所有员工站在一起迎战困难的决心——今天我需要和大家一起共渡难关，迎接挑战！一家由年轻人组成的年轻的公司，经过这次灾难会快速成熟起来！

“这几天令我感动的是，面对挑战，所有阿里人选择了乐观坚强的态度，我们互相关心，互相支持。在共同面对SARS挑战的同时，我们没有忘记阿里人的使命和职责！灾难总会过去，而生活仍将继续，与灾难抗争的同时，我们会继续为自己钟爱的事业奋斗！

我为这样的年轻人而骄傲！我为自己能在这样的公司里工作而自豪！我也希望阿里的家人朋友们为你们这样的年轻人，这样敢于接受挑战的年轻团队而鼓掌！因为你们没有选择恐慌、退缩和悲观！这是阿里价值观在起作用！阿里人能理解！”

马云的这封信，感染了阿里巴巴的所有员工，更激励了他们共同携手渡过阿里巴巴遇到的第一次真正意义上的危机。甚至，在这封信发出后，阿里巴巴员工的家人也主动参与到了阿里巴巴的日常工作中，帮助在家工作的阿里巴巴员工接电话、打印文件等。马云通过一封极具激励性的内部信件，在一场危机中将阿里巴巴所有员工甚至包括他们的家人都凝聚在了一起。

在团队成员遇到困难、挫折难以解决的时候，正是他们心灵最脆弱的时候。这个时候，如果团队领导者能够及时送上“激励药片”，告诉他们作为一个团队，自己一定会和他们共同迎接挑战，要比跟他们说“坚持下去，我给你发一个大红包”更有效。

二是当团队成员获得进步和成长的时候，要及时给予鼓励，让他们感受到你在和他们一起分享成功的喜悦。“没人分享，再大的成功都不圆满”。每个人都希望自己的付出和努力能够被领导看到，自己的成长和成功能够被领导认可。在团队成员的工作取得阶段性进展的时候，及时向他竖起一个大拇指，远比半年后给他一笔不菲的奖金更有利于工作的进展。

管理大师约翰·科特曾说过：“作为一个领导者，许多时候，并不一定需要鸿篇大论，领导者只要注意一下个人感情上的细节，就会产生惊人的效果。”

一次，李嘉诚打扮一新准备从公司出发。在公司门口，一个员工拦住了李嘉诚，并指出他系的领带颜色有问题。他觉得李嘉诚穿着一身黑色的西装，却系一条红色的领带，看起来很不协调，担心会影响到李嘉诚谈生意的效果。李嘉诚看了看自己的领带，思考了片刻之后，朝员工投去了嘉许的目光，并说：“你说得很对。谢谢你的提醒！”然后，他转身回到办公室，换了一条黑色的领带。当李嘉诚系着黑色领带再次走到公司门口的时候，那个员工还等在那里。当他看到老板已经换上了黑色的领带，才高兴地离去。

原来，李嘉诚当天要见的生意伙伴认为李嘉诚系红色的领带显得很精神，所以，李嘉诚每次见他都会系一条红色的领带。但是，为了保护员工的热情，李嘉诚并没有直接告诉员工这个缘由，而是又折返回办公室换上黑色领带，然后在员工因为得到老板的赞许和认可而高兴地离开后，才又换上红色的领带。

在李嘉诚看来，即使是一条领带的颜色这样的小事，也要注意员工感情上的细节，保护员工的热情，鼓励员工的积极性。这几乎是许多家族企业领导者都没有重视过的激励技巧，但却是最为有效的激励技巧。

真正有效的激励都来自真心。无论是像马云那样致歉，还是像李嘉诚的赞许，都应该让员工感觉到领导是了解他、理解他并且尊重他的。让激励真正打动员工的心，而不是表面一时的欢愉，这才是最有效的“激励药片”。

让员工充满归属感

归属感是指团队成员在思想上、心理上、感情上对团队产生了认同感、公平感、安全感、价值感、工作使命感和成就感。归属感一旦形成，将会使团队成员产生内在自我约束力和强烈的责任感，形成强有力的自我激励，最终实现团队的最高凝聚力。

许多家族企业都抱怨企业的人才流失率高，留不住人才尤其是非家族成员员工。究其根本，是因为员工对企业没有归属感。为什么家族成员在家族企业中要更为忠诚？这和其对家族企业具有强烈的归属感有直接关系。作为家族成员，认为家族企业就是自己的企业，自己就是企业的主人，在思想上、心理上、感情上都对企业产生了强烈的认同感、公平感、安全感、价值感、工作使命感和成就感。

在这种情况下，即使没有高薪，没有老板跟在屁股后面的随时激励，家族成员也会坚定地跟着企业一起走下去，因为归属感让他们放不下“自己的企业”。

方太在员工管理方面，一直以成就员工幸福为目标，通过40多项关怀福利政策不断增强员工在方太的安全感、归属感、使命感、成长感与成就感。也正因为此，在北京大学企业社会责任与雇主品牌传播研究中心与智联招聘联合对外发布的“2014中国年度最佳雇主”百强榜中，方太获得了“2014中国年度最佳雇主”称号。

在方太集团董事长兼总裁茅忠群看来，“企业对员工来讲，其实就是一个家，他们除了睡觉和公休日，一天最有精力的时间都是在企业里，如果他们在这个环境中找不到归属感，企业就会不安定”。为此，在位于杭州湾新区的方太厨电产业园设计之初，茅忠群就发动员工把园区当作自己的家来设计。方太的员工对此反应非常积极，不到半个月的时间，就提出了650多条建议。而在这个过程中，他们也对方太有了更加强烈的归属感。

“让家的感觉更好”，是方太品牌给消费者的承诺，也是方太集团给员工的承诺。

拥有高归属感的团队和企业不仅使内部成员主动付出、忠诚团结，同时，对外部成员也是一种强大的吸引力。方太员工建立起的高归属感，使它赢得“2014中国年度最佳雇主”的称号，而这个称号又会为它吸引更多高素质的优秀人才。

在现代企业竞争中，能否使员工产生归属感，提高员工满意度，赢得员工忠诚，增强团队凝聚力，已经成为企业竞争力的关键。

也有很多家族企业的领导者意识到建立员工归属感的重要性，但他们往往只想到给员工加薪或者发奖金。实际上，金钱给员工带来的满足感是有限的，毕竟物质需求只是员工需求中很小的一个层面。所以，加薪并不是建立和增强员工归属感最好的方法。如果只是单纯的进行加薪或者发奖金，更不可能达到建立或增强员工归属感的目的。

马云在接受《对话》节目访谈时说："我认为我的团队非常好。别人很难打垮我的团队，你可以打垮马云，打垮一个人；（但是）打垮一个团队，打垮我们的理想很难。"对于其中原因，马云坚决否定了薪酬的因素——不可能高薪，怎么可能高薪！"我们互相信赖"。

在 2000 年和 2001 年马云最艰难的时候，他的同事跟他说——马云，未来两年你不用给我们发工资，我们会和公司一起坚持到最后。因为你尊重我们，因为客户需要我们。这就是强大的归属感。因为有了对阿里巴巴的归属感，员工在公司遇到困境时候情愿不要工资，也"会和公司一起坚持到最后"。而这种归属感建立的根基在于马云给予他们的信任和尊重。

唐太宗说："为人君者，驱驾英才，推心待士。"意思是说，作为君王，如果想要"驱驾英才"，就必须对下属推心置腹。正是马云对员工的真诚、信任和尊重，才让阿里人在心中建立了强大的归属感。

人都是感情动物，只有留住员工的心才能留住员工的人。一个得人心的团队领导者，必然是有人情味，懂得管理人心的领导者。日本的企业家岛川三部曾宣称："我经营管理的最大本领就是把工作家庭化和娱乐化。"

在管理中注入对团队成员的真心关怀，投入真挚的感情，给团队成员家庭般的情感抚慰，是每一个家族企业领导者都应该学会的抓人心法则。家庭式管理不是只为家族成员开放的特权，而是对所有员工一视同仁。作为家族企业的最高领导者，要真正尊重和关心每一个员工，言行举止都做到“以人为本”，关注每一个员工的实际需求，并积极帮助他们解决困难，让员工感受到来自企业的温暖。这样，员工才能真正从心底、思想上认同企业的使命、愿景和价值观，才能够在实际工作中体会到成就感。

当然，说这么多，并不是说金钱对于员工的归属感不重要。一个老板对员工掏心掏肺地好，哪怕每天发送一条关怀短信，却从来不给他发工资，最后，员工因为没有钱吃饭，饿死了。这样的归属感相信不是每一个家族企业的领导者愿意看到的。总之，以上建立归属感的所有技巧，无论是信任、尊重还是投入真挚的感情，都必须是建立在员工的薪酬标准能够满足他的物质需求这个基础之上的。

归属感是企业凝聚人心、稳定员工的核心。稳定的员工团队是企业不可多得的财富。无论是技术、经验还是对企业的了解以及客户资源方面，稳定的员工团队都具有更强的优势，能够使企业拥有更高的绩效和更忠诚的客户群，保证了企业的稳定和长期发展。